中華文化思想叢書

儒學基礎讀本
下冊

李申　編著

目次

上冊

下冊

第五章
關於人的本性

第一節　上天賦予人本性

　　在古代，治理國家，從某種意義上說就是治理人。因為古代國家很少參與組織、協調生產和其他經濟活動。要管理人，就要研究人，如同任何管理行為都要研究自己的管理對象一樣。研究人，核心問題是研究人最根本的性質。

　　儒學認為，人和萬物都是天所降生的。儒學不像基督教那樣認為是上帝按照自己的模樣創造了人，而把天降雲雨雪露、地升水氣煙霧等視作天氣下降、地氣上騰的過程。天地之氣的交融如同夫婦的交合，各種生物於是產生出來。所以人也是天地降生的。

　　天給自己降生的人類不僅任命了君主和導師，賦予了社會生活以一定的規則，決定著人的貧富貴賤、生死壽夭以外，還賦予每個人一個本性，就像天賦予了魚兒游泳、鳥兒飛翔的本性一樣。《尚書》中的「皇上帝降衷於下民」、《詩經》中的「天生烝民，有物有則」、《中庸》的「天命之謂性」，都被認為是天賦予人性的經典根據。儒者們從各個方面發揮了儒學的這個命題。

　　惟皇上帝降衷於下民，若有恆性。克綏厥猷惟後。

　　　　　　　　　　　　　　　　　　　　　　——《尚書·湯誥》

　　（孔安國）傳：皇，大。上帝，天也。衷，善也。順人有常之性，能安立其道教，則惟為君之道。

唐孔穎達正義：天生烝民，與之五常之性，使有仁義禮智信，是天降善於下民也。天既與善於民，君當順之。故下傳云，順人有常之性，則是為君之道。

宋史浩《尚書講義》：「惟皇上帝」者，皇以道言，上帝以職言，天之法道者也。「降衷於下民」者，天以是中運於上，人受之於內，故謂之「衷」也。必曰下民者，以天之賦授，初無貴賤貧富之殊。秉彝之性，人人無待於外，故雖下民，皆有常性也。

宋蔡沉《書經集傳》：皇，大。衷，中。若，順也。天之降命，而具仁義禮智信之理，無所偏倚，所謂「衷」也。人之稟命，而得仁義禮智信之理，與心俱生，所謂性也。猷，道也。由其理之自然而有仁義禮智信之行，所謂道也。以降衷而言，則無有偏倚。順其自然，固有常性矣。以稟受而言，則不無清濁純雜之異，故必待君師之職，而後能使之安於其道也，故曰「克綏厥猷惟後」。夫天生民有欲，以情言也。上帝降衷於下民，以性言也。仲虺即情以言人之欲，成湯原性以明人之善。聖賢之論互相發明，然其意，則皆言君道之繫於天下者，如此之重也。

且說皇上帝賦予下界百姓內在的品質，使他們有了恒定的本性。用一套措施安撫他們的，是君主。

（漢孔安國）傳：皇，就是大。上帝，就是天。衷，就是善。順著人們永恆的本性，能為他們設立一種道進行教化，只有君主的行事之道。

孔穎達正義：天降生下界民眾，給予他們五常的本性，使他們有了仁義禮智信的品質，就是天把善賦予了下界民眾。天既然把善賦予了下界民眾，君主就應當順從這一點。所以下面的傳文說，順從人們永恆的本性，是作為君主的行事之道。

　　宋史浩《尚書講義》：「惟皇上帝」的意思，皇說的是道，上帝講的是職位，這講的是天效法道的意思。「降衷於下民」的意思，天以這樣的中道運行於上，人接受於自己的心內，所以稱為「衷」。一定要說下民，是因為天的賦予和授予，本沒有貴賤貧富的差別。秉受的本性，人人都無須等待著外部的因素，所以雖然是下民，都有永恆的本性。

　　宋蔡沉《書經集傳》：皇，就是大。衷，就是中。若，就是順。天降下的命令，具備仁義禮智信的理，沒有偏頗和倚重，就是所說的「衷」。人稟受了天命，從而得到仁義禮智信的理，和心一起產生，這就是所說的本性。猷，就是道。遵循著理的自然狀況從而有仁義禮智信的行為，就是所說的道。從降衷而言，就無所偏頗和倚重。順從它的自然狀態，也就有了恆定的本性了。從稟受而言，就不能沒有清濁純雜的區別，所以一定要等待君主和導師的職務出現，然後才能使民眾安於他們的道，所以說是「用一套措施安撫他們的，是君主。」說天降生的民眾有欲望，是從情欲方面說的。上帝降衷於下界民眾，是從本性方面說的。仲虺根據情感討論人的欲望，成湯探討本性來闡明人的善性。聖賢的言論互相補充和說明，但是他們的意思，都是要說為君之道和整個天下的關係，是如此的重要。

　　　天生烝民，有物有則。民之秉彝，好是懿德。

　　　　　　　　　　　　　　　　　　　　　　──《詩經・烝民》

　　毛傳：烝，眾。物，事。則，法。彝，常。懿，美也。

　　鄭玄箋：秉，執也。天之生眾民，其性有物象，謂五行，仁義禮智信也。其情有所法，謂喜怒哀樂好惡也。然而民所執持有常道，莫不好有美德之人。

孔穎達正義：言天生其眾民，使之心性有事物之象，情志有去就之法。既稟此靈氣，而有所依憑，故民之所執持者有常道，莫不愛好是美德之人以為君也。

朱熹《詩經集傳》：言天生眾民，有是物必有是則。蓋自百骸九竅五臟，而達之君臣父子夫婦長幼朋友，無非物也，而莫不有法焉。如視之明，聽之聰，貌之恭，言之順，君臣有義，父子有親之類是也。是乃民所執之常性，故其情，無不好此美德者。

清乾隆《御纂詩義折中》：言天生眾民，有形下之器，必有形上之理。民之生也，即秉此理以為性，故性無不善。而見人之有善德者，必好之矣。

天降生了眾多百姓，有一件事物，就有它的法則。民眾秉受的天性，就是愛好美德。

毛傳：烝，眾的意思。物，就是事。則，法度。彝，永恆。懿，美好。

鄭玄箋：秉，執持。上天降生的眾多百姓，他們的本性和事物類似，也就是五行，仁義禮智信。他們的情感要遵循法則，也就是喜怒哀樂好惡等。然而民眾所遵守的，有永恆的道，沒有人不喜好有美德的人物。

孔穎達正義：說的是上天降生他的眾多百姓，讓他們的心性和事物類似，他們的感情和志向有趨向和離去的原則。既然稟受這個靈氣，並且有所依據和憑藉，所以民眾所遵循的有永恆的道，無不愛好那些有美德的人做他們的君主。

朱熹《詩經集傳》：說的是上天降生了他的眾多百姓，有這個物，就一定有這個法則。從身體各個部分包括九竅五臟，直到君臣父子夫婦長幼朋友，沒有不是物的，因而無不具有某種法則。比如視覺

的明察，聽覺的聰穎，相貌的恭敬，言語的柔順，君臣的義，父子的親這一類都是。這就是民眾所具有的永恆本性，所以他們的情感，沒有不愛好這樣的美德的。

　　清乾隆《御纂詩義折中》：說的是上天降生眾多民眾，有形而下的器，必然有形而上的理。民眾的生命，既然稟受了這樣的理作為本性，所以本性沒有不善的。因而看見人中有善良德行的，就必然喜好。

　　天命之謂性，率性之謂道，修道之謂教。

——《中庸》

　　鄭玄注：天命，謂天所命生人者也，是謂性命。木神則仁，金神則義，火神則禮，水神則信，土神則知。《孝經說》曰：「性者，生之質命，人所稟受度也。」率，循也。循性行之，是謂道。修，治也。治而廣之，人放效之，是曰教。

　　孔穎達正義：「天命之謂性」者，天本無體，亦無言語之命，但人感自然而生，有賢愚吉凶，若天之付命遣使之然，故云天命。老子云，道本無名，強名之曰道。但人自然感生，有剛柔好惡，或仁或義或禮或智或信，是天命自然，故云「謂之性」也。

　　朱熹《中庸章句》：命，猶令也。性，即理也。天以陰陽五行化生萬物，氣以成形，而理亦賦焉，猶命令也。於是人物之生，因各得其所賦之理，以為健順五常之德，所謂性也。……蓋人知己之有性，而不知其出於天。知事之有道，而不知其由於性。知聖人之有教，而不知其因吾之所固有者裁之也。故子思於此首發明之，而董子所謂「道之大原出於天」，亦此意也。

　　天命就是本性，隨順本性就是道，倡導這個道就是教。

鄭玄注：天命，說的是上天給人的命令，這就是性命。木的神仁慈，金的神正義，火的神禮讓，水的神誠信，土的神智慧。《孝經說》道：「性，是生來具有的本質和天命，人所稟受的程度。」率，遵循。遵循本性而行動，這就是道。修，治理。治理並加以推廣，人們都仿效，這就是教。

孔穎達正義：「天命之謂性」的意思，天本來沒有形體，也沒有言語的命令，只是人感受自然的法則降生，有賢明、愚蠢、吉利和兇險，就像上天發佈命令使他這樣，所以稱為天命。老子說：道本來沒有名，勉強給一個名字叫作道。只是人自然感觸而降生，有剛強、柔弱、喜好和厭惡，有的仁慈，有的正義，有的禮讓，有的智慧，有的誠信，這就是天命的自然，所以說是「叫作性」。

朱熹《中庸章句》：命，就像下令。性，就是理。上天用陰陽五行演化產生萬物，氣成為它們的形體，理同時也就賦予了它們，就像命令一樣。於是人和物的出生，因為各自得到了被賦予的理，作為乾健坤順仁義禮智信等德行，這就是所說的本性。……人們知道自己有個本性，但不知道它來自於上天。知道事物都有一個道，但不知道出於本性。知道聖人有教導，但不知這是根據我所固有的本性加以制作的。所以子思在這裡首先闡明這一點，董仲舒所說的「道的最偉大本原乃是出自上天」，也是這個意思。

　　孟子曰：「盡其心者，知其性也。知其性，則知天矣。存其心，養其性，所以事天也。」

　　　　　　　　　　　　　　　　　　　——《孟子‧盡心》

　　（孫奭）《孟子疏》：「孟子曰盡其心者」至「所以立命也」者，孟子言，人能盡極其心以思之者，是能知其性也。知其性，則知天道

矣。知存其心，養育其性，此所以能承事其天者也。以其天之賦性，
而性者，人所以得於天也。然而心者又生於性，性則湛然自得，而心
者又得以主之也。蓋仁義禮智根於心，是性本固有，而為天所賦也。
盡惻隱、羞惡、恭敬、是非之心，則是知仁義禮智之性。知吾性固有
此者，則知天實賦之者也。如存此惻隱、羞惡、恭敬、是非之心，以
長育仁義禮智之性，是所以事天者也，是性即天也。故存心養性，是
為事天矣。

　　朱熹《孟子集注》：心者，人之神明，所以具眾理而應萬事者
也。性，則心之所具之理。而天，又理之所從以出者也。

　　孟子說：「盡了他的心，就知道了他的性。知道了他的性，就知
道了天。保存他的心，養護他的性，為的是事奉上天。」

　　（孫奭）《孟子疏》：「孟子說盡了他的心」到「為的是成就自己
的命」這一段，孟子說，人能極端地盡他的心去思索，就能知道他的
本性。知道了他的本性，就知道了天道。知道保存他的心，養育他的
本性，這為的就是能夠承接和事奉他的天。因為那是天所賦予的本性，
所以本性乃是人從上天那裡得來的。然而心又是由性所產生的，性因
為它悠然自得，而心又得以做性的主宰。仁義禮智的根源都在心裡，
是本性所固有的，又是上天所賦予的。盡了這固有惻隱、羞惡、恭敬、
是非的心，就是知道了仁義禮智的本性。知道了我的本性固有這些內
容，就知道這是上天確實賦予的。如果保存下這惻隱、羞惡、恭敬、
是非的心，來使仁義禮智的本性成長發育，這就是所說的事奉上天，
因為本性就是上天。所以保存這個心，養育這個性，就是事奉上天。

　　朱熹《孟子集注》：心，就是人的神明，就是那具備所有的理來
應接一切事務的器官。性，就是心所具備的的理。而天，又是理所由
以產生的地方。

性者，天之就也。情者，性之質也。

——《荀子・正名》

楊倞《荀子注》：性者，成於天之自然。情者，性之質體。欲，又情之所應，所以人必不免於有欲也。

性，是上天所賦予的。情，是性的質體。

楊倞《荀子注》：性，是天自然完成的。情，是性的質體。欲，又是情的伴隨，所以人必定不能免除有欲望。

凡性者，天之就也。不可學，不可事。

——《荀子・性惡篇》

凡是本性的東西，都是上天賦予的。學不到，也做不成。

人之所繼天而成於外，非在天所為之內也。天之所為，有所至而止。止之內，謂之天性。止之外，謂之人事。事在性外，而性不得不成德。

——《春秋繁露・深察名號》

人繼承上天從而形成於身外的東西，不在天所造成的範圍之內。上天所做的，到達一定範圍就停止。在停止的範圍之內，稱為天性。停止的範圍之外，稱為人事。人事在本性之外，而人性不得不成為德行。

俱稟元氣，或獨為人，或為禽獸。並為人，或貴或賤，或貧或

富。富或累金，貧或乞食。貴至封侯，賤至奴僕。非天稟施有左右
也，人物受性有厚薄也。

──《論衡・幸偶篇》

都稟受元氣，有的偏偏成了人，有的成了禽獸。都是人，有的富
貴，有的貧賤。富的金玉滿堂，貧的乞討為生。貴的封侯，賤為奴
僕。不是上天的施與有偏向，而是人和物接受的本性有厚薄。

子夏曰「死生有命，富貴在天」，而不曰「死生在天，富貴有
命」者何？則死生者無象，在天以性為主。稟得堅強之性，則氣渥厚
而體堅強，堅強則壽命長，壽命長則不夭死。稟性軟弱者，氣少泊而
性羸窳，羸窳則壽命短，短則蚤死，故言「有命」。命則性也。至於
富貴所稟，猶性所稟之氣，得眾星之精。眾星在天，天有其象。得富
貴象則富貴，得貧賤象則貧賤，故曰「在天」。在天如何？天有百
官，有眾星。天施氣而眾星布精。天所施氣，眾星之氣在其中矣。人
稟氣而生，含氣而長。得貴則貴，得賤則賤。貴或秩有高下，富或資
有多少，皆星位尊卑小大之所授也。

──《論衡・命義篇》

子夏說「死生都是命，富貴由天掌握」，而不說「死生由天掌
握，富貴都是命」，這是為什麼呢？因為死生沒有形象，在天的以性
為主。稟受了堅強的本性，他的氣就淳厚並且體魄堅強，體魄堅強壽
命就長，壽命長就不會夭死。稟性軟弱的，氣寡少並且本性虛弱，虛
弱就壽命短，壽命短就死得早，所以說是「都是命」。命就是性。至
於富貴者所稟受的，就像性所稟受的氣，得到的是眾星的精氣。眾星
在天，天有它們的形象。得到富貴形象的就富貴，得到貧賤形象的就

貧賤，所以說是「由天掌握」。由天掌握是什麼意思？天上有百官，有眾多星。天施發氣，而眾星散布它們的精。所以天所施發的氣，眾星的氣就在其中了。人稟受氣而有生命，銜含著氣成長。得到貴氣的就富貴，得到賤氣的就貧賤。高貴的，職務有高低。富足的，資產有多少，都是星星地位的尊卑大小所授予的。

　　人生受性，則受命矣。性命俱稟，同時並得，非先稟性後乃受命也。

——《論衡・初稟篇》

　　人生稟受本性，同時就接受了命。性和命都是稟受，同時一併得到，不是先稟受了性然後才接受命。

　　論語曰：「大哉，堯之為君！唯天為大，唯堯則之。」王者則天，不違奉天之義也。推自然之性，與天合同，是則所謂「大命文王」也。

——《論衡・初稟篇》

　　《論語》說：「偉大啊，堯作為君主！只有天是最偉大的，只有堯是效法天的。」王者效法上天，不違背事奉天的原則。推演自然的本性，與天是相合相同的，這就是所說的「上天給文王下達重要的命令」。

　　稟天善性，動有賢行。賢行之人，宜見吉物。

——《論衡・福虛篇》

稟受了天的善性，行動就有善的行為。有善行的人，應該見到吉祥的事物。

諸生息之物，氣絕則死。……何則？體同氣均，稟性於天，共一類也。

—— 《論衡·道虛篇》

諸種有生命的事物，氣息斷絕就死亡。……為什麼呢？身體相同，氣也一樣，從天稟受了本性，共同是一個種類。

性者，天之命也。

—— 李翱〈復性書上〉,〈復性書中〉

性，是上天任命的。

天所性者，通極於道。氣之昏明，不足以蔽之。天所命者，通極於性，遇之吉凶，不足以戕之。……故思知人，不可不知天。盡其性，然後能至於命。知性知天，則陰陽鬼神，皆吾分內爾。天性在人，正猶水性之在冰，凝釋雖異，為物一也。

—— 張載《正蒙·誠明篇》

上天賦予的本性，極點和道相通。氣的昏暗還是透明，不能遮蔽它。上天所命令的，極點和本性相通，遭遇的吉凶，不足以損害它。……所以要想瞭解人，不可以不知天。窮盡他的本性，然後就到達了天命。瞭解了本性又瞭解了天，那麼陰陽和鬼神，都是我份內的事。上天賦予的本性在人，正像水的性質在冰，凝結和消融雖然不同，但它們都是一個物。

程子曰：「心也，性也，天也，一理也。自理而言謂之天，自稟受而言謂之性，自存諸人而言謂之心。」張子曰：「由太虛，有天之名。由氣化，有道之名。合虛與氣，有性之名。合性與知覺，有心之名。」愚謂「盡心知性而知天」，所以造其理也。「存心養性以事天」，所以履其事也。

——朱熹《孟子集注》

程子說：「心，性，天，都是一個理。從理而言叫作天，從稟受而言叫作性，從存在於人那裡而言叫作心。」張子說：「由於太虛，於是有了天這個名字。由於氣的演化，於是有了道這個名字。虛和氣合在一起，於是有了性這個名字。性和知覺合起來，於是有了心這個名字。」我認為「盡了心知曉了性因而就知曉了天」，為的是達到那個理。「保存這個心，養護這個性，來事奉上天」，為的是實行這件事。

道，言也。性者，人所稟於天以生之理也。渾然至善，未嘗有惡。

——朱熹《孟子集注・滕文公》

道，就是說。性，人稟受於天因而有了生命的理。完全純善，沒有惡。

第二節　性善與性惡之爭
——關於人性的探討（一）

天賦予人的本性是什麼？這個研究從孔子就開始了，後來的儒者繼續了這一研究，並且不斷加深。

孔子認為人的本性是差不多的，叫作「性相近」。只是後來所從

事的社會活動，使他們的本性拉開了距離，叫作「習相遠」。後來，孟子主張人性善，荀子主張人性惡，他們的結論，都是觀察社會現象後得出的結論。正因為社會現象紛紜複雜，每個人都可以根據一些事實證明自己的主張，才出現了這樣兩個截然相反的主張。

在這兩種極端的主張之間或之旁，還有許多中間的說法，形成了第一次人性討論的高潮。時間從孟子開始，到漢代為止。

宋代開始逐漸形成的《三字經》開頭就說：「人之初，性本善。性相近，習相遠。」是強把孔子和孟子的人性論拉在一起。因為「本善」，就不是「相近」，而是一樣的善。「相近」，就不能是一樣的善。

子曰：「性相近也，習相遠也。」子曰：「唯上知與下愚不移。」

——《論語・陽貨》

孔子說：「人的本性是互相接近的，所作所為使本性拉開了距離。」孔子說：「只有上面智慧下面愚昧的狀況是不會改變的。」

孟子道性善，言必稱堯舜。

——《孟子・滕文公》

孟子說本性是善的，開口必定稱讚堯舜。

孟子曰：「人皆有不忍人之心。先王有不忍人之心，斯有不忍人之政矣。以不忍人之心，行不忍人之政，治天下可運之掌上。所以謂人皆有不忍人之心者，今人乍見孺子將入于井，皆有怵惕惻隱之心，非所以內交于孺子之父母也，非所以要譽于鄉黨朋友也，非惡其聲而然也。由是觀之，無惻隱之心，非人也。無羞惡之心，非人也。無辭

讓之心，非人也。無是非之心，非人也。惻隱之心，仁之端也。羞惡
之心，義之端也。辭讓之心，禮之端也。是非之心，智之端也。人之
有是四端也，猶其有四體也。」

——《孟子・公孫丑》

　　孟子說：「每個人都有一顆同情人的心。先王有一顆同情人的
心，這才有同情人的政治。用同情人的心，實行同情人的政治，治理
天下就會像撥弄掌中之物。我之所以說人人都有同情人的心，是因為
假若人們突然看見小孩子就要掉到井裡，都有驚恐惻隱之心。不是為
了要討好那孩子的父母，也不是為了要得到鄉親朋友們的稱讚，也不
是因為討厭那小孩子的哭聲。由此看來，沒有惻隱的心，就不是人；
沒有羞惡的心，就不是人；沒有辭讓的心，就不是人；沒有是非的
心，就不是人。惻隱的心，是仁的出發點；羞惡的心，是義的出發
點；辭讓的心，是禮的出發點；是非的心，是智慧的出發點。人具有
這四個出發點，就像有四肢一樣。」

　　惻隱之心，人皆有之；羞惡之心，人皆有之；恭敬之心，人皆有
之；是非之心，人皆有之。惻隱之心，仁也；羞惡之心，義也；恭敬
之心，禮也；是非之心，智也。仁義禮智，非由外鑠我也，我固有
之也。

——《孟子・告子》

　　惻隱的心，人人都有；羞惡的心，人人都有；恭敬的心，人人都
有；是非的心，人人都有。惻隱的心，就是仁德；羞惡的心，就是正
義；恭敬的心，就是禮儀；是非的心，就是智慧。仁義禮智，不是從
外面滲入我體內的，而是我固有的。

故曰：性者，本始材樸也。偽者，文理隆盛也。無性，則偽之無所加。無偽，則性不能自美。

——《荀子·禮論》

所以說：性，是原始的材料。人為，是華麗的文飾。沒有本性，人為就沒有文飾的對象；沒有人為，本性是不能自然變好的。

人之性惡，其善者偽也。今人之性，生而有好利焉，順是，故爭奪生而辭讓亡焉。生而有疾惡焉，順是，故殘賊生而忠信亡焉。生而有耳目之欲，有好聲色焉，順是，故淫亂生而禮義文理亡焉。然則從人之性，順人之情，必出於爭奪，合於犯分亂理而歸於暴。故必將有師法之化，禮義之道，然後出於辭讓，合于文理，而歸於治。用此觀之，然則人之性惡，明矣。其善者，偽也。

——《荀子·性惡》

人的本性惡，人的行善，是人為的結果。我們看人的本性，生來就有喜好財利的，隨順這個傾向，就會產生爭奪，辭讓的行為就沒有了。生來有嚴厲殘忍的，隨順這個傾向，就有殘殺賊害的事發生，忠實和誠信就沒有了。生來就有耳目的欲望，有喜好美聲和美色的，隨順這個傾向，就會產生淫亂，禮義和高雅的規範就沒有了。所以放縱人的本性，隨順人的情感，必然產生爭奪，合乎觸犯規矩、擾亂秩序歸宿於暴行。所以必定要有導師和法律的教化，有禮義之道，然後行為就會產生於辭讓，合乎高雅的規範，歸宿于治理。由此看來，人的本性是惡，就明白了。人的行善，是人為的結果。

孟子曰：「人之學者，其性善。」曰：「是不然。是不及知人之

性，而不察乎人之性偽之分者也。凡性者，天之就也。不可學，不可事。禮義者，聖人之所生也。人之所學而能，所事而成者也。」

——《荀子・性惡》

孟子說：「人類中有學問的，他們的本性善。」我認為：「這不正確。這是不能知道人的本性，也不明白人的本性和人為的分別。凡是本性的東西，都是上天的賦予。學不到，也做不成。禮和義，是聖人所發明的。人們只要學就能得到，只要做就能成功的。」

情性者，人治之本，禮樂所由生也。故原情性之極，禮為之防，樂為之節。性有卑謙辭讓，故制禮以適其宜。情有好惡喜怒哀樂，故作樂以通其敬。禮所以制，樂所為作者，情與性也。

——《論衡・本性篇》

情和性，是治國的根本，禮樂都由此產生。所以徹底弄清情性的本質，禮儀為情性設防，音樂把情性節制。本性有謙卑辭讓，所以制禮來恰當地適應它。情有好惡喜怒哀樂，所以創作了音樂使它的恭敬得以疏通。因此，禮的制定，音樂的創作，都是由於情和性的需要。

故世子作養書一篇。宓子賤、漆雕開、公孫尼子之徒，亦論情性，與世子相出入，皆言性有善有惡。孟子作性善之篇，以為人性皆善。及其不善，物亂之也。

——《論衡・本性篇》

所以世碩創作了一篇養護方面的書。宓子賤、漆雕開、公孫尼子等人，也討論情性問題，與世碩有所不同，都認為本性有善有惡。孟

子創作了講性善的文章，認為人的本性都是善的。到不善的時候，是
因為事物擾亂的結果。

　　孔子曰：「性相近也，習相遠也。」夫中人之性，在所習焉。習
善而為善，習惡而為惡也。至於極善極惡，非復在習。故孔子曰：
「惟上智與下愚不移。」性有善不善，聖化賢教不能復移易也。孔
子，道德之祖，諸子之中最卓者也，而曰上智下愚不移。故知告子之
言，未得實也。

　　　　　　　　　　　　　　　　　　　　　　——《論衡・本性篇》

　　孔子說：「人的本性是互相接近的，所作所為使本性拉開了距
離。」普通人的本性，在於他們的作為。經常行善就成了善，經常作
惡就成了惡。至於那些極端善良、極端作惡的，就不再由於作為。所
以孔子說：「只有上面智慧下面愚昧是不會改變的。」本性有善的有
不善的，聖人化育賢人教導都不能再加改變的。孔子，是道德的祖
宗，諸子之中最卓越的人。他說上面智慧下面愚昧不會改變。因此知
道告子的言論，是不合實際的。

　　孫卿有反孟子，作〈性惡〉之篇。以為人性惡，其善者偽也。性
惡者，以為人生皆得惡性也。偽者，長大之後勉使為善也。若孫卿之
言，人幼小無有善也。稷為兒以種樹為戲，孔子能行以俎豆為弄。石
生而堅，蘭生而香，稟善氣長大就成。故種樹之戲為唐司馬，俎豆之
弄為周聖師。稟蘭石之性，故有堅香之驗。夫孫卿之言，未為得實。

　　　　　　　　　　　　　　　　　　　　　　——《論衡・本性》

　　荀子反對孟子，創作了〈性惡〉的這篇文章。認為人的本性是惡

的，行善是人為的結果。性惡的理論，認為人生所得到的都是惡性。人為，是說長大以後勉強他使他向善。像荀子的說法，人幼小的時候就沒有善行。后稷在兒童時期以種樹為遊戲，孔子能擺上俎豆等祭器來玩耍。石頭生來就堅硬，蘭花生來就芳香，稟受了善氣長大後就是完善。所以以種樹為遊戲的做了堯的司馬，擺弄俎豆等祭器的成了周朝的聖師。稟受了蘭花和石頭的本性，所以有堅硬芳香的結果。荀子的話，不符合實際。

　　自孟子以下，至劉子政，鴻儒博生，聞見多矣。然而論情性，竟無定是。唯世碩、儒公孫尼子之徒，頗得其正。由此言之，事易知，道難論也。豐文茂記，繁如榮華。恢諧劇談，甘如飴蜜，未得其實。實者，人性有善有惡，猶人才有高有下也。高不可下，下不可高。謂性無善惡，是謂人才無高下也。稟性受命，同一實也。命有貴賤，性有善惡。謂性無善惡，是謂人命無貴賤也。

──《論衡‧本性篇》

　　從孟子以下，到劉歆，大儒博士，見多識廣。但是論述情性，竟沒有確定的答案。只有世碩、儒者公孫尼子等人，大體正確。由此看來，事物容易知曉，大道不易說清。大量的文獻記載，繁茂如同春花；詼諧逗人，高談闊論，甘甜如蜜，不能合乎實際。實際情況是，人性有善也有惡，就像人的才能有高低一樣。高的不能低，低的也不能高。說本性沒有善惡，就像說人的才能沒有高低一樣。稟性和受命，同樣的情況。命有貴賤，性有善惡。說性無善惡，就是說人的命沒有貴賤。

　　余固以孟軻言人性善者，中人以上者也。孫卿言人性惡者，中人

以下者也。揚雄言人性善惡混者，中人也。若反經合道，則可以為
教。盡性之理，則未也。

——《論衡・本性篇》

　　我從來就認為，孟軻主張人性本善，講的是中等以上的人。荀子
主張人性惡，講的是中等以下的人。揚雄主張人性是善與惡混合，指
的是中等人。如果返回經書，合乎正道，是可以以此來教育群眾的。
如果要求說清人性的道理，則都沒有。

第三節　陰陽五行之氣決定人性有善有惡
——關於人性的探討（二）

　　孟子和荀子說明人性善惡，援引的都是各種社會現象。社會現象
是複雜的，因而他們都可以為自己的判斷找到一定的事實根據。這個
途徑在漢代走入了死胡同，因而開始了另一條探索路徑。

　　從董仲舒開始，從人的身體構成來說明人的本性。董仲舒認為，
人是稟受了天的陰陽二氣而形成身體的。陽是善，陰是惡。人也應該
有善惡兩種本性。所以董仲舒反對孟子的人性善，也不贊成荀子的人
性惡。就像糖做的東西是甜的，鐵做的東西是硬的一樣。董仲舒從人
體構成說明人性具有更多的道理。所以董仲舒以後，人性有善也有惡
成為儒者們的基本認識，直到北宋後期，大約有上千年的歷史。唐代
韓愈對這樣的人性論進行了總結，認為人性有上中下三等，被稱為
「性三品說」。

　　董仲舒人性論的重大貢獻不僅在於認為人性有善有惡，更重要的
是開闢了一條新的路子。他不是從一部分社會現象中得出自己的認
識，而是從人的身體構成去說明人的本性，從而為人性理論提供了一

條新的思路。這條思路，成為在他之後人性理論的基本思路。

　　吾以心之名得人之誠。人之誠，有貪有仁。仁貪之氣兩在於身。
身之名取諸天。天兩有陰陽之施，身亦兩有貪仁之性。天有陰陽禁，
身有情欲柜，與天道一也。

　　　　　　　　　　　　　　　　　　──《春秋繁露·深察名號》

　　我根據心的名稱求得人的實際。人的實際，有貪心，有仁德。仁
和貪兩種氣都在一人身上。身這個名稱來自上天。天有陰陽兩種施
予，身也有貪心和仁德兩種性質。天有管制陰陽的規則，身有約束情
欲的規矩，和天道是一樣的。

　　身之有性情也，若天之有陰陽也。言人之質而無其情，猶言天之
陽而無其陰也。

　　　　　　　　　　　　　　　　　　──《春秋繁露·深察名號》

　　人身有性情，就像天的有陰陽。講人的品質而不講情欲這一面，
就像說天的陽而沒有陰。

　　人之性也善惡混。修其善則為善人，修其惡則為惡人。氣也者，
所適善惡之馬也歟。

　　　　　　　　　　　　　　　　　　──揚雄《法言·修身篇》

　　人的本性是善惡混合。發揮善的一面就是善人，發揮惡的一面就
是惡人。氣，是走向或善或惡的馬吧！

董仲舒覽孫孟之書，作情性之說曰：天之大經，一陰一陽。人之大經，一情一性。性生於陽，情生於陰。陰氣鄙，陽氣仁。曰性善者，是見其陽也。謂惡者，是見其陰者也。若仲舒之言，謂孟子見其陽，孫卿見其陰也。

——《論衡・本性篇》

董仲舒看到孟子和荀子的書，提出了情性的理論說：天的大原則，一個陰一個陽；人的大原則，一個情一個性。性產生於陽，情產生於陰。陰氣鄙下，陽氣仁慈。主張性善的，是看到了陽。主張性惡的，是看到了陰。像董仲舒這麼說，那麼孟子就是看到了陽，荀子就是看到了陰。

性也者，與生俱生也；情也者，接於物而生也。性之品有三，而其所以為性者五。情之品有三，而其所以為情者七。曰：何也？曰：性之品有上中下三。上焉者善焉而已矣，中焉者可導而上下也，下焉者惡焉而已矣。

——韓愈〈原性〉

人的本性，是與生俱來的。情感，是接觸事物以後產生的。人性的種類有三種，而那構成人性的內容則有五項。情的種類有三種，那構成情感的內容有七項。問：具體都是什麼內容呢？答：人性的種類有上中下三種。上等的純粹的善就是了，中等的可以引導它向上或是向下，下等的純粹的惡就是了。

孟子以為人性善，其不善者外物誘之也。荀子以為人性惡，其善者聖人教之也。是皆得其一偏而遺其大體也。夫性者，人之所受於天

以生者也，善與惡必兼有之。是故雖聖人不能無惡，雖愚人不能無善。其所受多少之間，則殊矣。善至多而惡至少，則為聖人。惡至多而善至少，則為愚人。善惡相半，則為中人。

—— 司馬光〈性辯〉

孟子認為人性善，那些不善的事是外物引誘的結果。荀子認為人性惡，那些善事是聖人教導的結果。這都是得到一個片面而丟失了全體。性，是人從上天那裡接受來因此而有了生命的東西，善與惡必然兼而有之。因此，即使聖人也不能沒有惡，即使愚人也不能沒有善。他們接受的多少，就不同了。善最多而惡最少，就是聖人。惡最多而善最少，就是愚人。善與惡相等，就是普通人。

夫太極者，五行之所由生，而五行非太極也。性者，五常之太極也，而五常不可以謂之性。……太極生五行，然後利害生焉，而太極不可以利害言也。性生乎情，有情然後善惡形焉，而性不可以善惡言也。……孔子曰：「性相近也，習相遠也。」吾之言如此。

—— 王安石〈原性〉

太極，是五行所由以產生的東西，但五行不是太極。性，是五常的太極，但五常不可說就是性。……太極產生五行，然後產生了利害，但太極不能說有什麼利害。性產生情感，有情然後善與惡有了分別，但性不可以說有什麼善惡。……孔子說：「人的本性是互相接近的，所作所為使本性拉開了距離。」我的主張也是這樣。

第四節　本性自然論
——關於人性的探討（三）

　　儒家以外，先秦其他各家也都在進行人性的探討。比如韓非，認為民眾的本性就是好逸惡勞，喜歡混亂而不喜歡秩序，所以必須用嚴刑峻法，才能使國家安寧。其中最重要的是老子和莊子，他們認為人和動物都有一個自然本性。比如仙鶴的脖子長，蛤蟆的脖子短，等等。而凡是本性的東西都不應當遭到破壞。破壞物的本性，就會造成混亂。比如讓魚兒奔跑，讓鳥兒游泳，必然置牠們於死地。牛馬都有四條腿，但不是為人服務的。給馬戴上籠頭，給牛穿上鼻具，讓牠們為人服務，就是傷害了他們的本性。

　　老子和莊子認為，人也有一個自然本性，不應傷害。仁義之道，就是傷害人本性的東西，就是給人戴的籠頭和鼻具。所以他們說，發明仁義之道的黃帝和堯舜，乃是造成天下動亂的罪魁禍首。他們主張治國者應清靜無為，讓百姓們按本性自由地生活。

　　秦朝以後的漢朝，首先選中的指導思想不是儒家，而是以老子學說為基礎的道家。後來，道家失敗了，儒家取得了勝利。漢朝後期，儒家的統治也出現了問題，於是有人又想到了道家。老子、莊子的書開始流行。儒家的思想家開始接受老子、莊子書中的人性理論，作為他們制定政策的基礎。

　　這一派的人性理論不講善惡，只認為人性自然，治理國家應以保持或不損害這個自然本性為思想基礎。區別在於，老子、莊子認為仁義不是人的本性；魏晉時代的儒者，如王弼、郭象等，則認為仁義就是人的本性。

性本自然，善惡有質。孟子之言情性，未為實也。

—— 《論衡・本性篇》

人性的本源是自然，善與惡都有形質基礎。孟子的談論情性，不符合實際。

任自然之氣，致至柔之和，能若嬰兒之無所欲乎，則物全而性得矣。

—— 王弼《老子注》第十章

聽任自然的氣，導致最高的柔和，能像嬰兒那樣的沒有欲望嗎，那麼，事物就完整並且本性得以滿足。

道不違自然，乃得其性。法自然者，在方而法方，在圓而法圓，於自然無所違也。

—— 王弼《老子注》第二十五章

道不違背自然，就保持了自己的本性。效法自然的，是在方就效法方，在圓就效法圓，對於自然，無所違背。

萬物以自然為性，故可因而不可為也，可通而不可執也。

—— 王弼《老子注》第二十九章

萬物都把自然作為自己的本性，所以可以因循而不可創造，可以疏通而不可執著。

各以得性為至，自盡為極也。向言二蟲殊翼，故所至不同。或翱翔天池，或畢志榆枋。直各稱體而足，不知所以然也。今言小大之辨，各有自然之素。既非跂慕之所及，亦各安其天性，不悲所以異，故再出之。

——郭象《莊子注‧逍遙遊》

都以滿足天性為終極，自我盡興為極致。向秀說大鵬和斥鷃的翅膀不同，所以到達的距離也不同。或者翱翔天池，或者滿足於樹叢。只是各自和體質相稱而滿足，不知這是什麼原因。現在來談論大和小的區別，各自都有自然的根基。既不是追求羨慕所能達到，也就各自安於自己的天性，不為不同而悲傷，所以再次提起。

夫與內冥者，遊於外也。獨能遊外以冥內，任萬物之自然，使天性各足，而帝王道成。斯乃畸於人而侔於天也。

——郭象《莊子注‧大宗師》

那些對內昏暗的，是因為他的心思在外面。只有那些能用心於外而對內昏暗，任憑萬物的自然狀態，使它們的天性都得到滿足，帝王之道就成功了。這就是那種不同於人而類似於天。

人之生也，可不服牛乘馬乎。服牛乘馬，不可穿絡之乎。牛馬不辭穿絡者，天命之固當也。苟當乎天命，則雖寄之人事，而本在乎天也，穿絡之可也。若乃走作過分，驅步失節，則天理滅矣。

——郭象《莊子注‧秋水》

人的生存，可以不駕牛乘馬嗎？駕牛乘馬，可以不穿牛鼻、絡馬

首嗎？牛馬不逃避穿和絡，因為天命牠們就是這樣的。假如合乎天命，雖然寄託於人的作為，但它的根本還是由天所賦予的。穿牛鼻、絡馬首都是可以的。假如讓牛馬勞累過度，驅趕跑路失去節度，自然的天性就毀滅了。

第五節　性本清靜論
——關於人性的探討（四）

從南北朝時期開始，首先是佛教，接著是道教，為了說明人的本性中有成佛、成仙的內在根據，遂開始關於「佛性」、「道性」的探討。佛教探討的結果，是禪宗的「佛性本清淨」，也是「世人性本自淨」。道教學習佛教，也認為「道性本清淨」或者「道性本清靜」。

唐代後期，儒者們重新燃起了探討人性理論的興趣。他們從儒經《禮記・樂記》中找到「人生而靜，天之性」的論斷，把「清靜」也作為儒學關於人性的基本規定。

> 人生而靜，天之性也。感於物而動，性之欲也。
>
> ——《禮記・樂記》

鄭玄注：言性不見物則無欲。

孔穎達疏：「人生而靜天之性也」者，言人初生，未有情欲，是其靜。稟於自然，是天性也。「感於物而動性之欲也」者，其心本雖靜，感於外物而心遂動，是性之所貪欲也。自然謂之性，貪欲謂之情，是情別矣。

胡廣《禮記大全》：劉氏曰，人生而靜者，喜怒哀樂未發之中，天命之性也。感於物而動，則性發而為情也。

　　清《日講禮記解義》：人受中以生，當其靜而未發，則渾然者天之性也。及感於物而動，則油然者，性之欲也。

　　人剛出生是清靜的，這就是天命的本性。感應外物而行動，是本性的欲望。

　　鄭玄注：說的是本性沒有見到事物的時候，就沒有欲望。

　　孔穎達正義：「人生而靜天之性也」的意思，說的是人剛剛出生，還沒有情欲，這就是他的靜。稟受於自然，是上天賦予的本性。「感於物而動性之欲也」的意思，他的心本來雖然安靜，和外物發生感應心就會發動，這是本性的貪欲。自然稱為性，貪欲稱為情，是情和性有所區別。

　　胡廣《禮記大全》：劉氏說，人生而靜的意思是，喜怒哀樂沒有發作的「中」，是天命的本性。和外物感應因而運動，本性就發作成為情了。

　　清《日講禮記解義》：人稟受了「中」而有生命，當他靜止沒有發動，就渾然都是天賦予的本性。等到和外物感應而運動，就油然而生，是性的貪欲。

　　其道以無為為有，以空洞為實，以廣大不蕩為歸。其教人，始以性善，終以性善，不假耘鋤，本其清靜。

　　　　　　　　　　　　　　　　　　——柳宗元〈大鑒禪師碑〉

　　他的道把無為當作實有，把空洞當作實存，把廣大不放蕩作為歸宿。他們教導人。從人性本善開始，到人性本善終結，不借助人為的加工，以清靜為根本。

　　注：柳宗元，唐代後期著名儒者。

敢問：「何謂『天命之謂性』？」曰：「人生而靜，天之性也。」

——李翱〈復性書〉上

請問：「什麼叫作『天命就是本性』？」回答：「人剛出生是清靜的，這就是天命的本性。」

問曰：「人之性，猶聖人之性。嗜欲愛憎之心，何因而生也？」曰：「情者，妄也，邪也。邪與妄，則無所因矣。妄情滅息，本性清明，周流六虛，所以謂之能復其性也。《易》曰：『乾道變化，各正性命。』《論語》曰：『朝聞道，夕死可矣。』能正性命故也。」

問曰：「情之所昏，性即滅矣。何以謂之猶聖人之性也？」曰：「水之性清澈，其渾之者，沙泥也。方其渾也，性豈遂無有邪？久而不動，沙泥自沉。清明之性，鑒於天地，非自外來也。故其渾也，性本弗失。及其復也，性亦不生。人之性亦猶水也。」

——李翱《復性書》中

問：「普通人的本性，也像聖人的本性。那麼欲望和愛憎的心，是什麼原因產生的呢？」答：「情感，是狂妄的，歪邪的。歪邪與狂妄，是沒有根據的。狂妄的情感熄滅，本性就會清明，在天地之間往來，因此稱為能復歸它的本性。《易傳》說：『剛健光明的種種體現，各自端正自己的本性。』《論語》說：『早上懂得了正道，晚上就死也沒有遺憾。』這都是能端正自己的本性的緣故。」

問：「情的昏昧，性就被毀滅了。為什麼還說像聖人的本性呢？」答：「水的本性清澈，使人渾濁的，是沙土和泥漿。當水混濁的時候，水的本性難道就沒有了嗎？長久不再擾動，沙土和泥漿自己就沉澱了。水那清明的本性，就是照見天地的影子，這不是外來的。

所以當它渾濁的時候，性的根本並沒有消失。等到復歸，本性也沒有重新產生。人的本性，就像水一樣。」

第六節　氣質之性論
──關於人性的探討（五）

宋代，張載首先從道教引入了「氣質之性」，從而把儒學的人性論提升到一個新的高度。

氣質之性說認為，世界上所有的事物，包括人，都是由最初非常清而虛的「太虛」之氣凝聚而成的。氣在太虛狀態時，本性是清明的。平常人們所說的天，指的就是那太虛之氣，因而太虛之氣的本性，也就是天之性，因而可以稱之為「天地之性」。

當太虛之氣凝聚而為人，就有了有形的氣質。這有形的氣質限制了太虛之氣的自由運動，使得太虛之氣本來的清明本性不能正常發揮，並且產生了不同的有形之物之間的互相吸引或排斥的運動。這吸引和排斥的運動，有善的，也有惡的。惡行就由此產生。由於氣質是隨著人的降生而來的，所以也是人的本性。這個本性稱為「氣質之性」。

氣質之性說既承認了人的本性為善，又說明了惡的來源，所以受到朱熹的高度稱讚，而氣質之性說也成為宋代理學這種儒學發展新階段中關於人性的基本理論。

性於人無不善，繫其善反不善反而已。過天地之化，不善反者也。……形而後有氣質之性，善反之，則天地之性存焉。故氣質之性，君子有弗性焉者。

──張載《正蒙・誠明篇》

性在人身沒有不是善的，問題在於是不是善於復歸。超出天地化育的範圍，是不善於復歸的人。……成形以後就有了氣質之性。善於復歸，就保存住了天地之性。所以氣質之性，君子有不把它作為本性看待的。

附錄一

水至清，而結冰不清；神至明，而結形不明。

——譚峭《化書・神道》

水是完全清澈的，但結的冰就不清澈了。精神是完全清明的，但結成形體，就不清明了。

附錄二

形而後有氣質之性，善反之，則天地之性存焉。自為氣質之性所蔽之後，如雲掩月。氣質之性雖定，先天之性則無有。然元性微而質性彰，如君臣之不明，而小人用事以蠹國也。

——張伯端《玉清金笥青華秘文內煉丹訣》

成形以後有氣質之性，善於復歸，就保存住了天地之性。自從被氣質之性遮蔽之後，就像雲彩遮蔽月亮。氣質之性雖然確定，先天的本性就沒有了。但是原始的本性衰微，氣質之性彰顯，就像君臣都不明察，而小人掌權禍害國家一樣。

「性相近也，習相遠也。」性一也，何以言相近。曰：「此只是

言氣質之性，如俗言性急性緩之類。性安有緩急！此言性者，『生之謂性』也。」

——《二程遺書》卷十八

「人的本性是互相接近的，所作所為使本性拉開了距離。」性是純一的，為什麼說是相近？答：「這說的只是氣質之性，就像俗話說的性急性緩之類。本性哪有什麼緩急！這裡說的性，就是告子說的『生來就具有的就是本性』。」

「孟子未嘗說氣質之性。程子論性，所以有功於名教者，以其發明氣質之性也。以氣質論，則凡言性不同者，皆冰釋矣。退之言性亦好，但不知氣質之性耳。」亞夫問：「氣質之說起於何人？」曰：「此起於張程。某以為極有功於聖門，有補於後學。讀之使人深有感於張程。前此未曾有人說到此。」

——《朱子語類》卷四

「孟子不曾說到氣質之性。程子討論人性，有功於名教的地方，就是發明了氣質之性。從氣質上立論，凡是討論人性的不同意見，都渙然冰釋了。韓愈論說人性也很好，但是不知道氣質之性。」亞夫問：「氣質這個說法誰最先提出？」答：「這個最先提出的是張子和程子。我以為非常有功於聖人之門，也非常有益於後來的學者。讀起來使人深深有感於張子和程子。此前不曾有人說到這一點。」

天命流行賦予萬物，本無非善，所謂天地之性也。氣聚成形，性為氣質所拘，則有純駁偏正之異，所謂氣質之性也。然人能以善道自反，則天地之性復全矣。故氣質之性，君子不以為性，蓋不徇乎氣質

之偏，必欲復其本然之善。孟子謂性無有不善，是也。

——葉采《近思錄集解》卷二

天命在運動中賦予萬物，本來沒有不善，就是所謂天地之性。氣凝聚成為形體，本性被氣質所拘束，就有了純粹駁雜偏頗正直的差異，就是所說的氣質之性。如果人能夠用行善之道自我復歸，天地之性就保全了。所以氣質之性，君子不認為它是本性，意思是不遷就氣質的偏頗，一定要復歸它本來的善性。孟子所說的性沒有不善，是正確的。

注：葉采，明代儒者。

天命之謂性。所謂天地之性，是推天命流行之初而言也，推性之所從來也。所謂氣質之性，是指既屬諸人而言也，斯其謂之性者也。夫子之言性，亦指此而已耳。

——黃震《黃氏日抄》卷二

上天命令的就是本性。所說的天地之性，是推論天命運動的開始而說的，是推論本性的由來。所說的氣質之性，是指已經屬於人而說的，這才稱它為本性的。夫子所說的本性，也是指這個氣質之性罷了。

注：黃震，宋朝末年儒者。

氣質者，氣成質而質還生氣也。氣成質，則氣凝滯而局於形，取資於物以滋其質。質生氣，則同異攻取各從其類。故耳目口鼻之氣與聲色臭味相取，亦自然而不可拂違。此有形而始，然非太和絪縕、健順之常所固有也。

——王夫之《張子正蒙注》卷三

氣質的意思，是氣凝為形質而形質又會產生氣的意思。氣凝成形質，氣就凝結滯留被形質所侷限，要汲取外物來滋養這個質。質產生氣，氣的同和異，排斥還是吸引，都各服從自己的類別。所以耳目口鼻的氣與聲色臭味相吸引，也是自然，無法違背。這是有形體的開始，但不是太和絪縕之氣中或剛健或柔順的永恆性質所固有的。

註：王夫之，明末清初儒者。

第七節　性即理說
——關於人性的探討（六）

宋代興起的程朱學派後來成了儒學的主要學派。這一派認為，構成世界萬物基礎的氣中有一個理。這個理主宰著氣的運動，所以使世界如此的有秩序和條理。人類社會的秩序，仁義禮智信、三綱五常，就是這個理的表現。當氣凝聚成物時，這個理就是物的性質。當氣凝聚成人，這個理就是人的本性。

理是純善的，所以人的本性也是純善的。之所以有不善，乃是因為氣質的束縛和蒙蔽。

又問性如何？曰：「性即理也，所謂理性是也。天下之理，原其所自，未有不善。喜怒哀樂未發，何嘗不善。發而中節，則無往而不善。凡言善惡，皆先善而後惡。言吉凶，皆先吉而後凶。言是非，皆先是而後非。」

——《二程遺書》卷二十二

又問本性怎麼樣？答：「本性就是理，所說的理性，就是這個意思。天下的理，推想它們的來源，沒有不善。喜怒哀樂沒有發作，哪

裡有什麼不善。發作以後都合乎禮儀，就沒有什麼地方不是善。凡是說到善惡，都是先說善後說惡。說吉凶，都是先說吉後說凶。說是非，都是先說是後說非。」

程子曰：「性即理也。」理則堯舜至於塗人，一也。才稟於氣，氣有清濁。稟其清者為賢，稟其濁者為愚。學而知之，則氣無清濁，皆可至於善，而複性之本，湯武身之是也。孔子所言下愚不移者，則自暴自棄之人也。

——朱熹《孟子集注》卷六

程子說：「性就是理啊。」是理，那麼從堯舜到普通人，都是一樣的。才能稟受於氣，氣有清有濁。稟得清者是賢人，稟得濁者是愚人。通過學習而後知曉，氣就不分清濁，都可以達到善，歸宿於人性的本來面貌。商湯和武王親自實踐，就是這一點。孔子所說的不會改變的下愚，是那自暴自棄的人啊。

性即理也。在心喚做性，在事喚做理。

——《朱子語類》卷五

本性，就是天理。在心稱為本性，在事稱為理。

伊川「性即理也」，自孔孟後，無人見得到此，亦是從古無人敢如此道。

程頤說「性就是理」，從孔子、孟子以後，沒有人發現這一點，也是從古到今沒有人敢這麼說。

伊川「性即理也」四字，顛撲不破。實自己上見得出來。其後諸
公只聽得，便說將去。實不曾就己上見得，故多有差處。
　　　　　　　　　　　　　　　　──《朱子語類》卷五十九

　　程頤「性就是理」四個字，顛撲不破。確實是從自己心中發現
的。後來諸位只是聽說，就這麼跟著說。實在不曾就自己心裡有所發
現，所以多有差錯處。

　　性即理也。何以不謂之理而謂之性？蓋理是泛言天地間人物公共
之理，性是在我之理。只這道理，受於天，而為我所有，故謂之性。
性字從生，從心，是人生來具是理於心，方名之曰性。其大目只是仁
義禮智四者而已。得天命之元，在我謂之仁；得天命之亨，在我謂之
禮；得天命之利，在我謂之義；得天命之貞，在我謂之智。性與命本
非二物。在天謂之命，在人謂之性。故程子曰：「天所付為命，人所
受為性。」文公曰：「元亨利貞，天道之常。仁義禮智，人性之綱。」
　　　　　　　　　　　　　　──陳淳〈性〉，《北溪字義》卷上

　　本性就是天理。為什麼不稱為理而稱為性？因為理說的是天地之
間人和物普遍共有的理，性是在我的理。就是這個道理，稟受於天，
而為我所有，所以稱為性。性字從生，從心。是人生來就具備這個理
在心中，才能稱之為性。基本內容只是仁義禮智四者而已。得到天命
的元，在我就稱為仁；得到天命的亨，在我稱之為禮；得到天命的
利，在我稱之為義；得到天命的貞，在我稱之為智。性和命本來不是
兩個東西。在天稱為命，在人稱為性。所以程子說：「上天所付與，
是命；人所稟受，是性。」朱文公說：「元亨利貞，是天道的常規。
仁義禮智，是人性的大綱。」

第八節　人心與道心

　　氣中固有的神（張載）或氣中固有的靈（朱熹等）在氣凝聚成人時就形成了人的心。人的心支配著人的行動。在心支配下的人的行動，有的符合社會道德規範，有的不符合。以程朱為代表的宋代儒者，依據《尚書‧大禹謨》中「人心惟危，道心惟微。惟精惟一，允執厥中」，認為這是由於人心有兩種作用的緣故。當「道心」在起支配作用的時候，行為就合乎道德規範；當人心起支配作用時，行為就未必遵守道德規範。合乎道德規範的道心，源於人心中的天理；不合道德規範的人心，源於心中的人欲。

　　人心道心理論為治國方略和道德修養提供了新的理論基礎。

　　人心惟危，道心惟微。惟精惟一，允執厥中。

　　　　　　　　　　　　　　　　　　　　——《尚書‧大禹謨》

　　人心是危險的，道心是微妙的。要精心，要專一，牢牢地掌握住那個中。

　　人心，私欲也；道心，正心也。危，言不安。微，言精微。惟其如此，所以要精一。惟精惟一者，專要精一之也。精之一之，始能允執厥中。

　　　　　　　　　　　　　　　　　　　——《二程遺書》卷十九

　　人心，是私欲；道心，是正心。危，說的是不安寧。微，說的是精細微妙。就因為如此，所以要精心，要專一。要精心、要專一的意思是，精心一志地專注於要領。精心專一，才能牢牢掌握那個中。

人心惟危，道心惟微。心，道之所在。微，道之體也。心與道渾然一也。對放其良心者言之，則謂之道心。放其良心，則危矣。惟精惟一，所以行道也。

——《二程遺書》卷二十一下

人心是危險的，道心是精微的。心，是道所在的地方。微，是道的本體。心與道渾然一體啊。對於那些丟失了良心的人來說，就稱為道心。丟掉了良心，就危險了。要精心，要專一，為的是實行道。

《中庸》何為而作也？子思子憂道學之失其傳而作也。蓋自上古聖神繼天立極，而道統之傳有自來矣。其見於經，則「允執厥中」者，堯之所以授舜也。「人心惟危，道心惟微，惟精惟一，允執厥中」者，舜之所以授禹也。堯之一言，至矣盡矣。而舜復益之以三言者，則所以明夫堯之一言，必如是而後可庶幾也。

蓋嘗論之，心之虛靈知覺，一而已矣。而以為有人心道心之異者，則以其或生於形氣之私，或原於性命之正，而所以為知覺者不同，是以或危殆而不安，或微妙而難見耳。然人莫不有是形，故雖上智，不能無人心。亦莫不有是性，故雖下愚，不能無道心。二者雜於方寸之間，而不知所以治之，則危者愈危，微者愈微，而天理之公，卒無以勝夫人欲之私矣。精則察夫二者之間而不雜也，一則守其本心之正而不離也。從事於斯，無少間斷，必使道心常為一身之主，而人心每聽命焉。則危者安，微者著，而動靜云為，自無過不及之差矣。

夫堯舜禹，天下之大聖也。以天下相傳，天下之大事也。以天下之大聖，行天下之大事，而其授受之際，丁寧告戒，不過如此。則天下之理，豈有以加於此哉。

——朱熹〈中庸章句序〉

　　《中庸》為什麼而創作的呢？是子思子擔憂道學失傳而創作的。自從上古聖人神人繼承上天的意志樹立起人事的標準，道統的傳授就有悠久的歷史。見於經文的，就是「牢牢掌握住那個中」，是堯用來傳授給舜的。「人心是危險的，道心是微妙的。要精心，要專一，牢牢掌握住那個中」，是舜用來傳授給禹的。堯的一句話，說到頂了，也說盡了。但是舜又增加了三句話，就是要說明堯的一句話，一定要如此才可能接近於做到。

　　我曾經議論過，心的虛靈知覺，只是一個而已。而以為有人心道心差異的原因，是因為這個心或者產生於由形體和稟氣所造成的私欲，或者根源在於性命的正宗，因而產生知覺的原因不同，所以或者危險而不安寧，或者微妙而難以發現。然而無人不具有這個形體，所以即使是上智，也不能沒有人心。也無人不具備這個本性，所以即使下愚，也不能沒有道心。人心和道心混雜在方寸之大的心中，卻不知道治理，那麼危險的就更加危險，微妙的也愈加微妙，從而天理的公正，終究無法戰勝那人欲的私情了。精心，就會明察於道心人心之間因而不相混雜；專一，就能保守他本心的公正因而不相分離。從事於這一點，沒有絲毫間斷，必定要讓道心永遠作為一身的主宰，而人心總是聽眾道心的命令。那麼，危險的就安寧了，微妙的就顯著了，而行動靜止說話辦事，自然就沒有過分和不及的差錯。

　　像堯舜禹，是天下的大聖人。以天下互相傳授，是天下的大事。以天下的大聖人，實行天下的大事，而他們在傳授的關頭。叮嚀告誡的，不過是這些話。那麼天下的道理，難道還有比這個更重要和更偉大的嗎！

　　《遺書》有言，人心私欲，道心天理。熹疑私欲二字太重。近思得之，乃識其意。蓋心一也，自其天理備具隨處發見而言，則謂之道

心。自其有所營為謀慮而言，則謂之人心。夫營為謀慮，非皆不善也，便謂之私欲者，蓋只一毫髮不從天理上自然發出，便是私欲。所以要得必有事焉而勿正，勿忘勿助長。只要沒這些計較，全體是天理流行，即人心而識道心也。

——朱熹〈問張敬夫〉

　　《遺書》說道，人心就是私欲，道心就是天理。朱熹我懷疑私欲二字說得太重。近來思索明白，才認識其中的深意。心是一個，從它具備天理隨處體現出來而言，就稱為道心。從它有所思慮謀劃而言，就稱為人心。思慮計畫，並不都是壞事，就說它是私欲的原因，因為只要一絲一毫不是從天理上發出，就是私欲。所以必須要加以培養，但不要有所預期。不要忘記培養，也不要揠苗助長。只要沒有這些計較，全體就是天理的運行，就人心上就可以認識道心了。

　　形氣之虛靈知覺，一也。而有人心道心之不同焉。由形氣而發者，以形氣為主，而謂之人心，如耳目鼻口四肢之運用者是也，而人與物同，不甚遠也。由理義而發者，以理義為主，而謂之道心，若仁義禮智之屬是也，而人與物異，獨為最貴者也。二者在方寸間，本自不相紊亂。如饑而食，渴而飲，此由形氣而發，人心也。此心最危殆而易陷，若窮口腹之欲，則陷矣。嘑爾蹴爾嗟來等食則不食，此由理義而發，道心也。此心甚隱微而難見。如「其嗟也可去，其謝也可食」，自非聖人，莫能見之。聖人精察二者，不容於雜而一體。道心常為之主，使人心每聽命焉。故聲為律，身為度，從心所欲，不逾矩。則日用動靜云為，無非純是道心之流行矣。自古群聖所授受相講明者，其要訣正在於此。

——陳淳〈與鄭行之〉，《北溪大全集》卷三十二

形體和氣質的虛靈知覺，是一樣的。而有人心和道心的不同。由形體和氣質所發出的，以形體和氣質為主，因而稱為人心，如耳目口鼻和四肢的運用就是，人與動物都是一樣的，距離不是很遠。由理義所發出的，以理義為主，因而稱為道心，就像仁義禮智之類就是，人和動物是不同的，只有人最尊貴。二者在方寸大小的心裡，本來是不相紊亂的。如饑餓了就要吃，口渴了就要喝，這是由形體和氣質發出的，是人心。這個心最危險並且容易淪陷，如果想窮盡口腹的欲望，就淪陷了。大呼小叫的讓你來吃就不去吃，這是由理義而發出的，是道心。這個心隱蔽微妙而難以發現，如果「他無禮呼喚你應該離開，如果他表示道歉就可以吃」，假如不是聖人，沒有能夠懂得。聖人精心地察覺二者的區別，不容許它們混雜在一起。道心經常地作為主宰，使人心總是聽從命令。所以聖人的聲音就是音律，身長就是量度，隨心所欲，不越出規矩。那麼日常生活中運動靜止說話做事，就沒有不是純粹道心的運行了。自古眾位聖人所傳授和接受相互講明的，它的要點正在這裡。

臣聞道與心一，帝王之心與萬世一。堯之授舜，舜之授禹，三聖授受，相傳一道。載之於《書》，人心道心之分，惟危惟微之辨，或生於形氣之私，或原於性命之正。惟其形氣之並生，雖上智不能無人心。惟其性命之各正，雖下愚不能無道心。故人心每患於難制，而道心每患於難明。難制故危，而安之者常寡。難明故微，而知之者幾希。惟精，則決擇詳審，而致知之功深。惟一，則主宰堅定，而力行之用久。是以一中之執，萬世惟允。成湯傳之為昭德建中，文武傳之為順則立極。帝王之治……皆此道之功用也。

——徐元傑〈紹定壬辰御試對策〉，《楳埜集》卷五

　　臣聽說道與心是一體，帝王的心和萬世的心也是一體。堯的傳授舜，舜的傳授禹，三位聖人傳授與接受，相傳的也就是一個道。記載於《尚書》的，人心道心的分別，危險和微妙的區分，或者產生於由形體和氣質所產生的私欲，或者根源於性命的正道。只因為形體和氣質一起產生，所以即使上智也不能沒有人心。只因為性命各有自己的正道，即使下愚也不能沒有道心。所以人心總是擔心它難以制約，而道心總是擔憂它難以知曉。難以制約所以危險，安寧的人總是非常地少；難以知曉所以微妙，所以瞭解的人往往稀少。由於精心，所以決定和選擇就詳細而謹慎，因而求知的工夫就非常深刻。由於專一，就主宰堅定，因而努力實行的作用就長久。所以一個中的掌握，萬世都要牢牢把握。成湯傳承下來，就是提倡道德和建立大中之道；文王武王傳下來，就是順應上帝的法則，為民眾建立行為標準。帝王的治理……都是這個道的功用。

　　注：徐元傑，南宋末年儒者。

第六章

新的修身、治國之道

　　儒學的治國之道效能如何？戰國時代就進行過熱烈的討論。《荀子》一書特設〈儒效〉一章，強調那些認為儒術無效的事例，都是因為治國者是些小儒或陋儒。周公使天下太平，就是大儒治國的典型案例。漢代獨尊儒術以後，也不斷有人向儒學治國發起挑戰，然而當時的國家，還是堅持儒學的原則指導他們的國家治理。魏晉南北朝時期，雖然佛教、道教都廣泛流行，但是國家以儒學治國的基本原則，也沒有改變。直到唐代，仍然如此。

　　從漢到唐，儒學尊奉的聖人，除堯舜禹湯以及當時的皇帝之外，就是周公和孔子。這一時期儒學的治國方略，也基本上是周公和孔子的主張。此一時期的儒學，也被稱為「周孔之道」。到了唐代，周孔之道發展到了頂峰。唐代初期，唐太宗命令以孔穎達為首的儒臣對儒經進行認真的解說，並定名為《五經正義》。意思是說，他們的解說，是對儒經意義的正確說明。他們堅定地相信，依靠儒經，依據他們的正確說明，就一定能夠把國家治理好。

　　周公對於儒學最重要的貢獻，就是「制禮」。因而周孔之道最重要的內容，就是認為制訂一套適宜的禮儀制度，使人們在這樣的制度中養成遵守秩序的習慣，是實現天下太平的基本手段。依照這個思想，唐代不斷制訂新的禮儀制度。到開元年間，制訂了對後代影響深遠的《開元禮》。依據對儒學的信念，這以後應該是一個太平時代。然而不久以後，就是安史之亂，唐代政權幾乎滅亡。

安史之亂不僅從根本上動搖了唐代政權的統治基礎，也動搖了人們對於儒學的信心，即儒學還能否擔當起治國的責任？這一時期，以韓愈為代表的儒學認為，儒學的治國原則是不可動搖的，是正確的。只是從董仲舒開始，就背離了儒學的原則，以致儒學道統失傳。要治理好國家，必須使儒學回到正確的軌道上來。

使儒學回到正確軌道的重要代表，就是一批新的儒經得到了空前的重視。這就是《論語》、《孟子》、《大學》、《中庸》四部儒學經典，後來被合稱「四書」。而此後的儒學，也逐漸被稱為「孔孟之道」。而使儒學由周孔之道轉向孔孟之道，唐代後期的儒者們僅僅開了個頭。到宋代才得以完成。這一時期儒學的代表人物，主要是程顥、程頤兄弟和他們的後學朱熹。這新的儒學把「天理」作為他們遵奉的最高原則，所以又稱為「理學」。由於這個儒學是從宋代開始的，清代儒者則把這新的儒學稱為「宋學」，而此前的儒學則被稱為「漢學」。

新的儒學提供了新的治國原則，新的原則主要體現在《大學》一書。在《大學》一書中，治國原則開始於「格物致知」，經由「正心誠意」、「修身齊家」，到「治國平天下」，共八個階段。其中前六個階段是手段，主要是個人修養。後一階段是目的，為了治國。新儒學認為個人修養是治理好國家的前提，所以特別強調從天子到平民，都要以「修身為本」。下面我們就來具體介紹這新的治國原則。

第一節　格物致知是修身、治國的第一步

《大學》講的治國之道，第一步是「格物致知」。所謂格物致知，就是要認識事物。在程頤和朱熹看來，認識正確是行動正確的前提。所以他們對《大學》所講的格物致知表示了特別的興趣。為了說明格物致知的重要性，朱熹把《大學》中的文字分為經和傳兩部分。

並且認為，解釋格物致知的傳，後世失傳了。於是他把程頤論述格物致知的一段話補上，作為對格物致知重要意義的解說。這也可見朱熹對格物致知的特別重視。

格物，就是去認識事物。如何去認識？認識哪些事物？歷來有許多爭論。依朱熹的意思，格物不僅包括認識自然物和社會現象，也包括讀書和實踐儒學的教導，在讀書和實踐儒學教導中體會和認識儒學的道理。

雖然朱熹所說的認識對象和認識方法與我們今天所需要的不完全一致，但強調行動必須以正確的認識為前提，強調認識在行動中的重要性，無疑是正確的。

　　大學之道，在明明德，在親民，在止於至善。

　　知止而後有定，定而後能靜，靜而後能安，安而後能慮，慮而後能得。

　　物有本末，事有終始。知所先後，則近道矣。

　　古之欲明明德於天下者，先治其國；欲治其國者，先齊其家；欲齊其家者，先修其身；欲修其身者，先正其心；欲正其心者，先誠其意；欲誠其意者，先致其知；致知在格物。

　　物格而後知至，知至而後意誠，意誠而後心正，心正而後身修，身修而後家齊，家齊而後國治，國治而後天下平。

　　自天子以至於庶人，壹是皆以修身為本。

——《大學》

　　大學的道，在於發揚光明的德行，在於親近民眾，在於終止於最高的善。

　　知道所止然後就有確定的目標，目標確定然後就能平靜，平靜然後就能安寧，安寧然後就能思索，思索然後就能有所收穫。

物體都有根本和末梢，事情都有開始和終結。知道先後，就接近道了。

古代那些想要在天下發揚光明德行的人，先要治理好自己的國；要想治理好自己的國，先要整頓好自己的家；要想整頓好自己的家，先要修養自己本身；要修養自己本身，先要端正自己的心；要想端正自己的心，先要誠懇自己的意願；要想誠懇自己的意願，先要求得正確的認識；求得正確的認識，在於格物。

物格以後正確的認識就能求得，正確的認識求得然後意願就能誠懇，意願誠懇然後心思就會端正，心思端正然後自己本身的修養就能做好，做好自己本身的修養然後家就能整頓得好，家整頓好了國就能得到治理，國治理得好然後就能使天下太平。

從天子到普通民眾，一律都要以修養自己本身作為處事的根本。

所謂致知在格物者，言欲致吾之知，在即物而窮其理也。蓋人心之靈，莫不有知。而天下之物，莫不有理。惟於理有未窮，故其知有不盡也。是以大學始教，必使學者即凡天下之物，莫不因其已知之理而益窮之，以求至乎其極。至於用力之久，而一旦豁然貫通焉，則眾物之表裡精粗無不到，而吾心之全體大用無不明矣。此謂物格，此謂知之至也。

——朱熹《大學章句》

所說的求得正確的認識在於格物的意思，說的是我要得到正確的認識，在於就事物本身去窮盡它的理。因為人心的靈覺，沒有不具備認識能力的。而天下的事物，都有一個理。只有對於它們的理沒有窮盡，所以人的認識不能完全。所以大學開始教人，一定要讓學習者就天下的一切事物，都要根據自己已知的理而進一步徹底探索，以求達

到認識它們的極點。經過長久努力，應當立刻豁然貫通，那時候，所有事物的表面和內在、精細和粗疏，都無不認識，而我心中全部的認識能力也無不發揮出來。這就叫「物格」，這就是認識的求得。

　　蓋記誦華藻，非所以探淵源而出治道。虛無寂滅，非所以貫本末而立大中。是以古者聖帝明王之學，必將格物致知，以極夫事物之變。使事物之過乎前者，義理所存，纖微畢照，了然于心目之間，不容毫髮之隱，則自然意誠心正，而所以應天下之務者，若數一二辨黑白矣。

——朱熹〈壬午應詔封事〉

　　記憶誦讀，辭藻華麗，不是探究淵源產生治國之道的途徑。認為世界虛無，主張人類寂滅，不能通曉事物的全體從而建立最公正的原則。所以古代聖明的帝和英明的王，一定會格物去尋求正確的認識，以便通曉事物變化的一切。使事物經過我眼前的，對於它所具備的義理，即使十分細小也要全部觀察，清楚明白地呈現於心目之中，不容有一絲一毫的隱瞞，因此自然就會意志誠懇，心思端正，當他來應付天下事務的時候，就會像數一二的數、辨別黑和白一樣容易。

　　為學先要知得分曉。

——《朱子語類》卷九

　　從事學問，先要認識明確。

　　萬事皆在窮理後。經不正，理不明，看如何地持守，也只是空。

——《朱子語類》卷九

一切事，都要在窮理之後。用的經不正確，對理認識不明白，無論如何的堅持，也都是白費。

王子充問：「某在湖南見一先生，只教人踐履。」曰：「義理不明，如何踐履？」曰：「它說行得便見得。」曰：「如人行路，不見，便如何行？今人多教人踐履，皆是自立標致去教人。自有一般資質好底人，便不須窮理，格物致知。聖人作個《大學》，便使人齊入於聖賢之域。若講得道理明時，自是事親不得不孝，事兄不得不弟，交朋友不得不信。」

——《朱子語類》卷九

王子充說：「我在湖南見一先生，只教人如何實行。」朱熹問：「義理不明白，如何實行？」王答：「他說實行了，就明白了。」朱說：「比如人走路，不見路，怎麼能行走？現在許多人教人實行，都是自己立一個標準去教人。當然也有一批資質好的人，他們可以不去窮理，不去格物致知。聖人作《大學》，為的是使人們都能進入聖賢的領域。如果道理弄明白了，自然事親就不得不孝，事兄就不得不弟，交朋友就不得不信。」

注：王子充，朱熹弟子。

人為學，須是要知個是處。千定萬定，知得這個徹底是，那個徹底不是，方是見得徹，見得是，則這心裡方有所主。

——《朱子語類》卷九

人從事學問，應該知道什麼是正確的。千定萬定，知道這個徹底正確，那個徹底不正確，才是認識得明白，認識得正確，然後心裡才有個為主的。

問：「大人，是指有位者言之否？」曰：「不止有位者，是指有位有齒有德者，皆謂之大人。」

問：「此三句要緊都在『畏天命』上。」曰：「然才畏天命，自是於大人聖言皆畏之。」

問：「固是當先畏天命，但要緊又須是知得天命。天命即是天理。若不先知這道理，自是懵然，何由知其可畏。此小人所以無忌憚。」曰：「要緊全在知上。才知得，便自不容不畏。」

問：「知有淺深。大抵才知些道理，到得做事，有少差錯，心也便惕然。這便見得不容於不畏。」曰：「知固有淺深。然就他淺深中，各自有天然不容已者。且如一件事，是合如此，是不合如此，本自分曉。到臨事，又卻不如此。道如此也不妨，如此也無害，又自做將去。這個是雖知之而不能行，然亦是知之未盡，知之未至，所以如此。聖人教人，於《大學》中劈頭初便說一個格物致知，物格而後知至。最是要知得至。人有知不善之不當為，及臨事又為之，只是知之未至。人知烏喙之殺人，不可食，斷然不食，是真知之也。知不善之不當為，而猶或為之，是特未能真知之也。」

——《朱子語類》卷四十六

問：「大人，是指那些有地位的人說的嗎？」答：「不只是有地位的，是指那些有地位而且年齡大德行好的，都稱為大人。」

問：「這三句重要的都在『畏天命』上。」答：「但是才畏天命，自然大人和聖人之言也都要畏懼。」

問：「固然應當先畏天命，但重要的又是要知道天命。天命就是天理，如果不先知道這個道理，就會糊塗，從哪裡知道可畏。這是小人沒有忌諱和畏懼的原因。」答：「重要的完全在認識問題上。只要知道這個道理，就不能不畏懼。」

問：「認識有淺有深。差不多都是剛剛知道一點道理，到做事的時候，多少有點差錯，心裡就有點害怕。這也可見得不可以不畏懼。」答：「有認識固然有淺有深。然而就這個深淺之中，也各自有天然的不能不那樣做的。比如做一件事，是應該如此，還是不應該如此，本來是十分清楚的。臨到做事，又偏不能如此。說是如此也不妨，如此也無害，自己也就那麼做了。這就是雖然知之，卻不能行的例子。不過也是知之未能窮盡，知之不到位，所以才會如此。聖人教人，在《大學》中一上來就說一個『格物致知』。『物格而後知至』。真是要知得『至』。有人知道不善的事不應當作，臨到有事又去做，也只是知之未『至』。人們知道烏的喙可以致人死地，不可吃，就堅決不吃，這是真的知之。知道不善的事不應當作，卻仍然去做，是他未能真的知之。」

孟子論「浩然之氣」一段，緊要全在「知言」上。所以《大學》許多工夫，全在格物致知。

——《朱子語類》卷五十二

孟子論「浩然之氣」那一段，重要的都在「知言」這一點上。所以《大學》許多工夫，都在「格物致知」。

「知言」正是「格物致知」。苟不知言，則不能辨天下許多淫邪詖遁。將以為仁，不知其非仁。將以為義，不知其非義。則將何以集義而生此浩然之氣。

——《朱子語類》卷五十二

「知言」正是「格物致知」。假如不知道言論的是非，就不能辨

別天下那些放蕩的、邪僻的、偏頗的、逃避的言論。想要行仁德，不知那樣做是非仁；想要行義舉，不知那樣是非義。又如何能夠積累義舉產生那浩然之氣？

《大學》首便說「格物致知」，為甚要「格物致知」？便是要無所不格，無所不知。物格知至，方能意誠心正身修，推而至於家齊國治天下平，自然滔滔去，都無障礙。

——《朱子語類》卷一一七

《大學》開頭就說「格物致知」。為什麼要「格物致知」？就是要無所不格，無所不知。物格知至，才能意志誠懇、心思端正、做好自身修養，推而廣之直到家庭整肅、國家治理、天下太平，這樣一路下來，就都會沒有障礙。

第二節　正心誠意是修身、治國的思想基礎

經過格物致知，有了明確的認識，下一步就是要用端正的態度、真誠的意願去履行儒學的原則，叫作正心誠意。在朱熹看來，正心誠意既已有了格物致知的基礎，就一定能修養好自己。修養好自己，就一定能把家和國治理好。所以他把正心誠意作為大學之道的關鍵，把自己一生的學問也歸結為「正心誠意之學」。他給皇帝上書、講課，講正心誠意之學。他教導學生，講正心誠意之學。有人說，皇帝聽您講正心誠意有點煩了。但朱熹說，我學的就是這個，也只能講這個。

故為人君者，正心以正朝廷，正朝廷以正百官，正百官以正萬民，正萬民以正四方。四方正，遠近莫敢不壹於正。

——《漢書·董仲舒傳》

所以作為君主，端正自己的心來端正朝廷，端正朝廷來端正百官，端正百官來端正民眾，端正民眾來端正四面八方。四面八方都端正了，無論遠近就沒有敢不端正的。

楊氏曰：《孟子》一書，只是要正人心。教人存心養性，收其放心。……《大學》之修身、齊家、治國、平天下，其本只是正心誠意而已。

——朱熹《孟子序說》引

楊氏說：《孟子》一書，只是要端正人心。教人存心養性，收回放失的心。……《大學》的修身、齊家、治國、平天下，它們的根本，只是正心誠意罷了。

注：楊氏，即楊時，程頤弟子，朱熹的前輩。

蓋致知格物者，堯舜所謂精一也。正心誠意者，堯舜所謂執中也。自古聖人口授心傳，而見於行事者，惟此而已。

——朱熹《壬午應詔封事》

《大學》所說的致知格物，就是堯舜所說的精心和專一。說的正心誠意，就是堯舜所說的牢牢掌握中道。從古以來，聖人們不論是口頭傳授還是心靈相印，表現在行事方面的，僅僅如此而已。

臣昨蒙賜對面，奉玉音，治天下當以正心誠意為本。嘗竊仰歎聖學高明，深達治本。如此，天下安得不治。比年以來，乃聞道路之言，妄謂陛下惡聞正心誠意之說。臣下當進對者，至相告戒，以為語忌。臣雖有以決知其不然，然竊深慮此語流傳，上累聖德，下惑群聽。

——朱熹《庚子應詔封事・貼黃》

　　臣昨天蒙受恩賜面見，聽到指示說，治理天下應當以正心誠意為根本。曾經獨自感歎皇上學問高明，深刻通曉治國的根本。像這樣，天下怎能治理不好。這些年來，曾聽到傳言，胡說陛下討厭正心誠意的言論。當臣子們要面見皇上回答問題時，至於互相告誡，作為講話的忌諱。臣雖然有理由知道這話一定不是如此，但深深憂慮這話的流傳，上面有損皇上的聖德，下面擾亂群眾的耳聽。

　　熹常謂天下萬事，有大根本。而每事之中，又各有要切處。所謂大根本者，固無出於人主之心術。而所謂要切處者，則必大本既立，然後可推而見也。如論任賢相，杜私門，則立政之要也。擇良吏，輕賦役，則養民之要也。公選將帥，不由近習，則治軍之要也。樂聞警戒，不喜導諛，則聽言用人之要也。推此數端，餘皆可見。然未有大本不立，而可以與此者。此古之欲平天下者，所以汲汲於正心誠意，以立其本也。

　　　　　　　　　　　　──朱熹〈答張敬夫〉，《晦庵集》卷二十五

　　朱熹我常常以為天下所有的事情，都有一個大的根本。每件事物之中，又各有自己關鍵的地方。所謂大根本，固然不出君主的心術。而所謂關鍵的地方，就必須從大根本建立起來，然後可以推類認得。比如論述任用賢明的宰相，杜絕私人的後門，是建立良好政風的關鍵。選擇優良的官吏，減輕賦稅和徭役，是養護民眾的關鍵。公開選拔將師，不是由親近皇上的臣子們來決定，是治理軍隊的關鍵。喜歡聽取警惕告誡的言論，不喜歡阿諛奉承，是聽取言論、任用人才的關鍵。推廣這幾條，其餘的就可以知道。然而沒有大根本不去建立，就可以這樣做的。這是古代想要使天下太平的人們，之所以要迫切地正心誠意，以建立自身大根本的原因。

治國平天下與誠意正心、修身齊家，只是一理。所謂格物致知，亦曰知此而已矣。此《大學》一書之本旨也。今必以治國平天下為君相之事，而學者無與焉，則內外之道異本殊歸，與經之本旨正相南北矣。

——朱熹〈答江德明〉，《晦庵集》卷四十四

治國平天下與正心誠意、修身齊家，只是一個理。所謂格物致知，說的也是知道這個罷了。這是《大學》一書本來的宗旨。現在一定認為治國平天下是君主和宰相的事業，學者們可以不參與，那麼內外之道就根本不同，歸宿各異，和經書的宗旨完全背道而馳。

有要之於路，以為正心誠意之論，上所厭聞，戒勿以為言。熹曰：「吾平生所學，惟此四字，豈可隱默以欺吾君乎。」及奏，上曰：「久不見卿。浙東之事，朕自知之。今當處卿清要，不復以州縣為煩也。」

——宋史《朱熹傳》

有人在路上攔住朱熹，說正心誠意的言論，皇上討厭聽到，告誡他不要說這個。朱熹說：「我平生所學的，就這四個字，怎麼可以隱瞞沉默來欺騙我的君主呢。」到上奏皇帝時，皇上說：「許久沒見到你了。浙東的事，我心裡明白。現在應該給你一個清靜的職務，不再讓州縣的事務麻煩你了。」

三十年知饒州，尋除敷文閣待制。乾道初守婺州，召還，提舉佑神觀，兼侍講。首進二說，以為王道在正心誠意，立國在節用愛人。

——《宋史・周執羔傳》

　　（紹興）三十年做饒州長官，不久就任命為敷文閣待制。乾道初年做婺州太守，召回京城，任命為佑神觀提舉，兼任侍講。首先向皇帝奉獻兩種理論，認為國家的王道在於正心誠意，建立國家的根本在於節約費用愛護百姓。

　　明乎《中庸》之說，則乾九二之君德，可得而議矣。……小惠小信，欲以為己之德，而不知誠之不可掩，安知夫明明德於天下者，蓋本於正心誠意。而二之德博者，由乎其誠之存也。至矣哉，誠之在天下也。

——陸九淵《程文・庸言之信庸行之謹閑邪存
其誠善世而不伐德博而化》

　　明白了《中庸》的意思，乾卦九二所講的君主德行，就可以清楚了。……小恩小惠，想作為自己的德行，卻不知道誠是掩飾不住的，又怎知那些要在天下發揚光明德行的人，都以正心誠意為根本。而九二的德行廣博，是由於他的真誠的存在。偉大啊，真誠在天下的作用啊！

　　《周書》有云：「論道經邦，燮理陰陽。」道者何，以正心誠意為體，仁義禮樂乃其具耳。以此出治，陰陽自和，萬物咸得其理。舍是，非復有調元之術也。

——王惲〈讀魏相傳〉，《秋澗集》卷四十四

　　《周書》上說：「論道治國，調諧陰陽。」道是什麼，以正心誠意為本體，仁義禮樂是它的具體內容。用這樣的道來處理政治，陰陽二氣自然調諧，萬物都得到治理。除此以外，不再有調理元氣的法子。

　　注：王惲，元代儒者。

先儒之是仲者，稱其謹政令，通商賈，均力役，盡地利。既為富
強，又頗以禮義廉恥化其國俗。如〈心術〉、〈白心〉之篇，亦嘗側聞
正心誠意之道。其能一匡天下，致君為五伯之盛，宜矣。

——宋濂〈諸子辯・管仲〉，《文憲集》卷二十七

先儒們稱讚管仲，稱讚他嚴肅政令，使貨物流通，平均勞役，儘
量發揮土地潛力。使國家富強以後，又能以禮義廉恥教化民眾改變風
俗。像〈心術〉、〈白心〉幾篇，說明他也曾經聽說過正心誠意的道
理。他能一下子端正天下，使君主成為五霸的首位，是有道理的啊！

注：宋濂，明初著名儒者。

朱子解此，以為靜就心說，安就身說。夫靜就心說，是矣。安就
身說，子以為就意說，非就身說也。夫不云，欲正其心者先誠其意
乎。蓋靜在心，而動在意。由靜而動，則心正而意誠，意誠則安也。
由是而慮，則知致而物格，內外交養，本末兼施，胥止至善之道也。
是故正心誠意，為聖經之關鍵。

——乾隆〈安而後能慮慮而後能得〉，《御制文三集》

朱子解釋這一點，認為靜說的是心，安說的是身。認為靜說的是
心，是正確的，安說的是身，孔子認為說的是意，不是說的身。經文
中不是說嗎，想要端正他的心首先要誠實他的意嗎！靜在於心，動在
於意。由靜轉為動，就能心思端正並且意志誠實，意志誠實就安寧
了。由此去想問題，正確的認識就能獲得，事物也得到研究，內外交
替養護，本末兼顧去做，都走上到達最高善行的道路。所以正心誠
意，是聖經的關鍵。

第三節　存天理滅人欲是心正意誠的途徑

　　朱熹認為，人只有一個心。按天理行動，就是道心；順私欲行動，就是人心。按天理行動，人心就是正的。按私欲行動，人心就是邪的。因此，正心誠意的過程，也就是去掉人欲、保存天理的過程。假如人能夠完全去掉人欲，殆全是天理，他的行動就會完全正確，就會完全正確地處理家事、國事，使家道和睦，國家治理。個人如果能夠去掉人欲，保存天理，就會是一個純粹的、有道德的好人。這樣的好人，自然就能正確處理各種事務，把國家治理好。

　　愚雖欲捐軀報國，亦何所用其力哉！是以不能自已，有不能不為陛下言者。然臣所讀者，不過《孝經》《語》《孟》六經之書，所學者不過堯舜周孔之道，所知者不過三代兩漢以來治亂得失之故，所講明者不過仁義禮樂天理人欲之辨，所遵守者又不過國家之條法。考其歸趨，無非欲為臣者忠，為子者孝而已。

　　……人心本明，天理素具，但為物欲所昏，利害所蔽，故小則傷恩害義，而不可開。大則滅天亂倫，而不可救。假如或好飲酒，或好貨財，或好聲色，或好便安。如此之類，皆物欲也。

　　　　　　　　　　　　　　　　　　——朱熹《甲寅擬上封事》

　　我雖然想犧牲生命報效國家，但向哪裡努力呢！所以按捺不住，有不能不為陛下陳說的事情。然而我所讀的，不過是《孝經》《論語》《孟子》等六經的書；所學的，不過是堯、舜、周公和孔子的治國之道；所懂得的，不過是三代和兩漢以來國家治亂得失的原因；所講明的，不過是仁義、禮、樂、天理、人欲等等問題；所遵守的，又不過

是國家的條例和法律。考察它們的歸宿，無非是作為臣子的要忠誠，作為兒子的要孝順罷了。

⋯⋯人心本來是明白的，天理也是從來就具有的，只是被物質欲望所昏暗，利害關係所蒙蔽，所以小的會傷害恩情、危害大義，而不可開導；大的就毀滅天性、擾亂人倫，從而不可救藥。比如或者喜好飲酒，或者貪圖財物；或者喜歡歌舞、美女，或者喜好便利安逸。諸如此類，都是物欲。

　　臣聞人主所以制天下之事者，本乎一心。而心之所主，又有天理人欲之異。二者一分，而公私邪正之塗判矣。蓋天理者，此心之本然。循之，則其心公而且正。人欲者，此心之疾疢。循之，則其心私而且邪。公而正者逸而日休，私而邪者勞而日拙。其效至於治亂安危有大相絕者，而其端特在夫一念之間而已。舜禹相傳，所謂「人心惟危，道心惟微，惟精惟一，允執厥中」者，正謂此也。

　　　　　　　　　　　　　　　　　　──朱熹〈延和奏札二〉

　　臣聽說君主用來治理天下的措施，根本在於自己的一顆心。而心的主宰，又有天理和人欲的差異。二者一旦分開，公私邪正的道路就判然分明了。天理，就是這顆心的本來狀況。遵循它，他的心就公平而且端正。人欲，是這顆心的病症。遵循它，他的心就自私而且歪邪。公平而端正的，安寧而且一天天好起來；自私而歪邪的，勞碌而且一天天的笨拙。它的效果，直到是治理還是動亂，是安全還是危險，十分的不同，而它們的開端，僅僅在於一念之差罷了。舜禹相傳，所謂「人心惟危，道心惟微，惟精惟一，允執厥中」的意思，說的正是這一點。

　　臣竊惟陛下以大有為之資，奮大有為之志。即位之初，慷慨發憤，恭儉勤勞，務以內修政事，外攘夷狄，汛掃陵廟，恢復土疆為己任。如是者二十有七年於茲矣。……然且若是，何耶？

　　臣誠愚賤，嘗為陛下惑之。故嘗反覆而思之。無乃燕閒蠖濩之中，虛明應物之地，所謂天理者有未純，所謂人欲者有未盡而然歟。天理有未純，是以為善常不能充其量。人欲有未盡，是以除惡常不能去其根。……間者天啟聖心，日新盛德，奮發英斷，整頓綱維，蓋有意乎天理之純而人欲之盡矣。……嗚呼，此千聖相傳心法之要，其所以極夫天理之全，而察乎人欲之盡者，可謂兼其本末巨細而舉之矣。……臣愚不肖，竊願陛下即今日之治效，泝而上之，以求其所以然之故。而于舜禹孔顏所授受者，少留意焉。自今以往，一念之萌，則必謹而……察之：此為天理耶，為人欲耶。果天理也，則敬以擴之，而不使其少有壅關。果人欲也，則敬以克之，而不使其少有凝滯。推而至於言語動作之間，用人處事之際，無不以是裁之。

　　　　　　　　　　　　　　　　　　──朱熹〈延和奏札五〉

　　臣私下思忖，陛下以大有作為的天資，奮起大有作為的志向。在即位之初，慷慨立志，發憤恢復，恭敬節儉，勤勞政事，一定要以在內處理好政事，對外驅逐夷狄，收復祖宗陵墓和宗廟，恢復國家的疆土作為自己的使命。這樣做到現在已經有二十七年了。……然而結果卻是如此，這是為什麼呢？

　　臣非常愚笨和低賤，曾經為陛下感到疑惑。所以也曾反覆思索。是不是在休閒享樂的時候，用心處理事務的地方，所謂天理還沒有純淨，人欲還沒有去盡而造成的嗎。天理還沒有純淨，所以行善常常不能達到應有的要求。人欲沒有去盡，所以除惡常常不能去掉它的根源。……不久前上天啟發皇上的聖心，皇上的德行天天進步，奮發有

為，英明果斷，整頓朝廷紀律，是有意要達到天理純淨、人欲除盡了。……唉，這是千萬聖賢傳授下來的心靈修養的綱要，這用來達到天理的完整，考察人欲是否根除的措施，可說是本末兼顧、大小並舉了。……臣愚笨無才，衷心希望陛下就今日治理的成效，往上追溯，尋求能夠如此的原因。對於舜和禹、孔子和顏回之間傳授的內容，稍加留意。從今以後，一念萌芽，都要謹慎地……考察：這是天理呢，還是人欲呢？果然是天理，就恭敬地加以擴充，而不讓它有一點堵塞。果然是人欲，就要恭敬地加以克服，不讓它有一點留存。推廣到言語行為之中，用人處事的關頭，無不這樣處理。

蓋萬物各具一理，而萬物同出一原，此所以可推而無不通也。至於論其所以用力之本，則其言又曰，學道以知為先，致知以敬為本。又曰，涵養須是敬，進學則在致知。又曰，致知在乎所養，養知莫過於寡欲。論其所以為敬之方，則其言又曰，主一之謂敬，無適之謂一。又曰，但莊整齊肅，則心便一，一則自無非僻之干，存之久，而天理明矣。

——朱熹《經筵講義・大學》

萬物都具備一個理，而萬物又同出於一個根源，這是可以相互推論而無不相通的原因。至於討論到用來努力的根本，（程氏）他又說，學道以知為先行，致知又以恭敬為根本。他又說，涵養應該用敬畏的態度，學問進步則在於致知。又說，致知在於如何養護，養護了知沒有比減少欲望更重要的。討論如何敬畏的做法，他的話又說，以一為主就是敬，不厚此薄彼就是一。又說，只要莊重嚴肅，心就會一。一就自然沒有邪門歪道的干擾，存養長久，天理就明朗了。

蓋天理人欲之並行，其或斷或續，固宜如此。至若論其本然之妙，則惟有天理而無人欲。是以聖人之教，必欲其盡去人欲而復全天理也。

—— 朱熹〈答陳同甫〉，《晦庵集》卷三十六

天理、人欲一起運行，有時間斷有時連續，本來就是這樣。至於說到它本來的微妙，那就是只有天理而沒有什麼人欲。所以聖人的教導，一定要完全去除人欲而恢復全部的天理。

做到私欲淨盡，天理流行，便是仁。

——《朱子語類》卷六

做到私欲完全除盡，天理運行暢通，就是仁。

人之一心，天理存則人欲亡，人欲勝則天理滅。未有天理人欲夾雜者。學者須要於此體認省察之。

——《朱子語類》卷十三

人的一顆心裡，天理存在，人欲就滅亡；人欲勝利了，天理就滅亡。沒有天理、人欲夾雜在一起的。學者們應該在這裡體會反省和考察。

問：「飲食之間，孰為天理，孰為人欲。」曰：「飲食者，天理也。要求美味，人欲也。」

——《朱子語類》卷十三

問：「吃東西這件事，哪是天理，哪是人欲。」答：「吃飯，是天理。要求美味，就是人欲。」

第四節　身心修養須下切實工夫

儒學教人，不是為了讓人掌握多少知識。相反，儒學教人掌握知識的目的，是要人明白如何去做。從正心誠意到治國平天下，都是如何去做的問題。做，在儒學稱為「踐履」或「實踐」，意思一樣，都是如何去做。

為把儒學的原則貫徹到自己的實踐行動之中，從孔子時代開始，儒者們就提出了許多貫徹的方法。這些方法，後來也統稱為「工夫」。

這裡所介紹的，是幾種主要的實踐工夫。

大抵向來之說，皆是苦心極力要識仁字。故其說愈巧，而氣象愈薄。近日究觀聖門垂教之意，卻是要人躬行實踐，直內勝私，使輕浮刻薄貴我賤物之態潛消於冥冥之中，而吾之本心渾厚慈良公平正大之體常存而不失，便是仁處。其用功著力，隨人淺深，各有次第。要之須是力行久熟，實到此地，方能知此意味。蓋非可以想像臆度而知，亦不待想像臆度而知也。

——朱熹〈答吳晦叔〉，《晦庵集》卷四十二

大體上過去的說法，都是要苦心努力弄清什麼是仁。所以有關說法愈是巧妙，那樣子就愈是淺薄。近來認真研究聖門施教的意思，卻是要求人們親自實踐，使內心正直戰勝私欲，使那輕浮、刻薄、吹噓自己輕視別人的態度暗中悄悄地消失，而我心中渾厚、慈愛、善良、公平、正直的本來面貌永遠保存而不喪失，這就是仁的所在。至於用功用力，隨人有淺有深，各自順序也不相同。重要的是必須努力實行

長久熟練，確實到達這個地方，才能知道這裡的意義和滋味。這不是憑藉想像臆測就可以知道的，也不需要想像臆測去認識。

　　曾子曰：「吾日三省吾身：為人謀而不忠乎？與朋友交而不信乎？傳不習乎？」

　　　　　　　　　　　　　　　　　　　　　　　——《論語·學而》

　　曾子說：「我每天三次反省自己：替別人謀劃有不忠實的地方嗎？與朋友交往有不誠信的地方嗎？先生傳授的學問還沒有練習嗎？」

　　子夏曰：「賢賢易色。事父母能竭其力，事君能致其身，與朋友交言而有信。雖曰未學，吾必謂之學矣。」

　　　　　　　　　　　　　　　　　　　　　　　——《論語·學而》

　　子夏說：「尊重賢人而輕視美色。事奉父母能竭盡全力，事奉君主能奮不顧身，和朋友交往能言而有信。雖然說他沒有學習過，我一定會說他已經學到了。」

　　「敢問夫子惡乎長？」曰：「我知言，我善養吾浩然之氣。……必有事焉而勿正，心勿忘，勿助長也。無若宋人然。宋人有閔其苗之不長而揠之者，芒芒然歸，謂其人曰：『今日病矣，予助苗長矣。』其子趨而往視之，苗則槁矣。天下之不助苗長者寡矣。以為無益而舍之者，不耘苗者也。助之長者，揠苗者也。非徒無益，而又害之。」

　　　　　　　　　　　　　　　　　　　　　　　——《孟子·公孫丑》

　　「請問先生有什麼長處？」答：「我善於辨別各種言論，善於養

護我的浩然之氣。……一定要去培養，但不要有什麼預期。心裡不要
忘記培養，但不要揠苗助長。不要像宋人那樣。宋國有個人，嫌他的
禾苗長得太慢因而揠苗助長，傻乎乎地回到家，對家裡人說：『今天
累死了，我幫禾苗長高了。』他兒子跑去一看，禾苗都乾枯了。天下
不揠苗助長的人太少了。認為無益而放棄培養，是不耕耘的人。幫助
浩然之氣成長，是拔苗的人。不但無益，反而有害。」

　　孟子曰：「仁，人心也。義，人路也。舍其路而弗由，放其心而
不知求，哀哉！人有雞犬放，則知求之，有放心而不知求！學問之道
無他，求其放心而已矣。」

　　　　　　　　　　　　　　　　　　　　　　——《孟子・告子》

　　孟子說：「仁，是人的心。義，是人的路。放棄這條路而不走，
丟失自己的心而不知尋求，可悲啊！人丟失了雞犬，都知道找回來，
丟失了自己的心卻不知尋求！學問的道路沒有別的，就是找回丟失的
心罷了。」

　　雖存乎人者，豈無仁義之心哉。其所以放其良心者，亦猶斧斤之
於木也。旦旦而伐之，可以為美乎？其日夜之所息，平旦之氣，其好
惡與人相近也者幾希。則其旦晝之所為，有梏亡之矣。梏之反覆，則
其夜氣不足以存。夜氣不足以存，則其違禽獸不遠矣。人見其禽獸
也，而以為未嘗有才焉者，是豈人之情也哉。故苟得其養，無物不
長。苟失其養，無物不消。孔子曰：「操則存，舍則亡。出入無時，
莫知其鄉。惟心之謂與。」

　　　　　　　　　　　　　　　　　　　　　　——《孟子・告子》

　　那麼，存在於人身上的，難道沒有仁義之心嗎？那些丟失了自己良心的原因，就像刀斧對於樹木一樣。天天砍伐它，能夠長得好嗎？那從早到晚生長出來的，清晨的那點氣，它的好惡與別人相近的也有那麼一點點。可是他白天的所作所為，又把它窒息了。這樣反覆地窒息，他夜裡長出的氣就無法保存。夜氣無法保存，那他離禽獸也就不遠了。人們見他像禽獸一樣，因而以為他不曾有向善的才能，這哪裡是他的真實情況呢。所以假如得到養護，沒有什麼物不會生長。假如得不到養護，沒有什麼物不會消亡。孔子說：「保持就存在，不保持就滅亡。出入沒有一定的時間，不知道它來自哪裡去向何方。只有心是這樣的啊！」

　　公都子問曰：「鈞是人也，或為大人，或為小人，何也？」孟子曰：「從其大體為大人，從其小體為小人。」曰：「鈞是人也，或從其大體，或從其小體，何也？」曰：「耳目之官不思，而蔽於物。物交物，則引之而已矣。心之官則思。思則得之，不思則不得也。此天之所與我者。先立乎其大者，則其小者不能奪也。此為大人而已矣。」

　　　　　　　　　　　　　　　　　　　　　——《孟子·告子》

　　公都子問道：「同樣是人，有的成了大人，有的成了小人，什麼原因呢？」答：「順從身體大器官的成大人，順從身體小器官的成小人。」問：「同樣是人，有人順從大器官，有人順從小器官，為什麼呢？」答：「耳目這些小器官不會思索，受事物蒙蔽。物與物相接觸，就是個互相吸引罷了。心這個大器官就要思索。思索就有所得，不思索就得不到。這是上天賦予我們的器官。先在作為大器官的心裡樹立起一個目標，耳目這些小器官就無法把它奪去。」

堯是初頭出治第一個聖人，《尚書·堯典》是第一篇典籍。說堯之德，都未下別字，「欽」是第一個字。如今看聖賢千言萬語，大事小事，莫不本於敬。收拾得自家精神在此，方看得道理盡。看道理不盡，只是不曾專一。

或云：「主一之謂敬。敬莫只是主一？」曰：「主一又是敬字注解。要之事無小無大，常令自家精神思慮盡在此。遇事時如此，無事時也如此。」

——《朱子語類》卷十二

堯是開始提出治國之道的第一個聖人，《尚書·堯典》是第一篇典籍。其中說到堯的德行，都沒有用別的字，「欽」是第一個字。如今看聖賢們千言萬語，大事小事，沒有不以敬為根本的。把自己的注意力放在這裡，才能看得道理完全。看道理不完全，只是沒有專心一志。

有人說：「主一就是敬。敬是不是只是主一？」答：「主一又是敬字的注解。重要的是，事情無論大小，都要經常讓自己的精神思慮完全在這裡。遇事時這樣，無事時也是這樣。」

因歎敬字工夫之妙。聖學之所以成始成終者，皆由此。故曰：「修己以敬。」下面安人安百姓，皆由於此。只緣子路問不置，故聖人復以此答之。要之只是個「修己以敬」，則其事皆了。

或曰：「自秦漢以來，諸儒皆不識這敬字。直至程子方說得親切，學者知所用力。」曰：「程子說得如此親切了，近世程沙隨猶非之，以為聖賢無單獨說敬字時，只是敬親敬君敬長，方著個敬字。全不成說話。聖人說『修己以敬』，曰『敬而無失』，曰『聖敬日躋』，何嘗不單獨說來。若說有君有親有長時用敬，則無君親無長之時將不敬乎。都不思量，只是信口胡說。」

——《朱子語類》卷十二

因此感歎敬字的巧妙。聖人的學問從始至終得以完成的原因，都是由於這個敬。所以說：「用敬畏來修養自己。」下面的安頓別人、安頓百姓，都由這裡開始。只是由於子路的問題沒個完，所以聖人又這樣回答他。重要的也只是一個「用敬畏來修養自己」，其他一切事情就都可以了結。

有人說：「自秦漢以來，儒者們都不懂得這個敬字。直到程子才說得親切，學者們知道如何用力。」答：「程子說得這樣親切了，近世的程沙隨還是誹謗他，認為聖賢沒有單獨說敬字的時候，只是說敬親、敬君、敬長，才說個敬字。（單說個敬字）成不了一句話。聖人說過『修己以敬』，說過『敬而無失』，說過『聖敬日躋』，何嘗沒有單獨說過。如果說有君有親有長時才用敬字，那麼，無君無親無長時就不敬了嗎。一點都不思量，只是信口胡說。」

程先生所以有功於後學者，最是敬之一字有力。人之心性，敬則常存，不敬則不存。如釋老等人，卻是能持敬。但是它只知得那上面一截事，卻沒下面一截事。覺而今怎地做工夫，卻是有下面一截，又怕沒那上面一截。那上面一截，卻是個根本底。

——《朱子語類》卷十二

程先生所以有功於後學的地方，最重要的就是提出了一個敬字。人的心性，敬就經常存在，不敬就不存在。像佛教和道教那些人，倒是能夠保持個敬。但是他們只知道那上面的一截，卻沒有下面的一截。我感覺如今人們修養自己的工夫，卻是有下面一截，又怕沒那上面一截。那上面的一截，卻是根本的。

敬字工夫，乃聖門第一義。徹頭徹尾，不可頃刻間斷。

——《朱子語類》卷十二

敬字的工夫，乃是聖人之門中的第一位核心要義。徹頭徹尾，不可以有一時一刻的間斷。

敬非是塊然兀坐，耳無所聞，目無所見，心無所思，而後謂之敬。只是有所畏謹，不敢放縱。如此則身心收斂，如有所畏。常常如此，氣象自別。存得此心，乃可以為學。

——《朱子語類》卷十二

敬，不是像土塊一樣呆坐，耳朵不聽，眼睛不看，心不思索，然後才稱為敬。只是有所畏懼而謹慎行事，不敢放縱。這樣，身心就會有所收斂，好像有所畏懼。常常如此，氣質就自然不同。保存住這樣的心，才可以做學問。

郭得元告行，先生曰：「人若於日間閑言語省得一兩句，閒人客省見得一兩人，也濟事。若渾身都在鬧場中，如何讀得書。人若逐日無事，有見成飯吃，用半日靜坐，半日讀書。如此一二年，何患不進。」

——《朱子語類》卷一一六

郭得元辭行，先生說：「人如果在平日裡閒言碎語少說一兩句，閒人閒客少見一兩人，也有幫助。如果渾身都在熱鬧場裡，如何能夠讀書。人假如整天沒什麼事，有現成飯吃，就用半天靜坐，半天讀書。這樣一兩年，還擔憂不能進步？」

孔門教人，先要學者知此道理，便就身上著實踐履。到得全無私心，渾是天理處，方喚作仁。

——朱熹〈答呂子約〉，《晦庵集》卷四十七

孔門教人，先要學生知道這些道理，然後就自己身上真實履行實踐。到了完全沒有私心，全部都是天理的地步，才能稱為仁。

燧之學，有得於許衡。由窮理致知反躬實踐，為世名儒。

　　　　　　　　　　　　　　　　　　——《元史·姚燧傳》

姚燧的學問，主要來自許衡。從窮理致知到反省白身真正實行，成為著名的儒者。

　　注：許衡，元代著名儒者。姚燧，元代儒者。

（曹端）及長，專心性理。其學務躬行實踐，而以靜存為要。

　　　　　　　　　　　　　　　　　　——《明史·曹端傳》

（曹端）長大以後，專心性理的學問。他的學問致力於親自實踐履行，而以心情寧靜保存天理為要點。

　　注：曹端，明初著名儒者。

（呂柟）柟受業渭南薛敬之，接河東薛瑄之傳。學以窮理實踐為主。

　　　　　　　　　　　　　　　　　　——《明史·呂柟傳》

（呂柟）呂柟是渭南薛敬之的學生，接續山西薛瑄的傳統。學問以弄清道理真正實行為主。

　　注：薛瑄、呂柟，明代前期儒者。

朱子謂學者半日靜坐，半日讀書。如此三年，無不進者。嘗驗之

一兩月，便不同。學者不作此工夫，虛過一生，殊可惜。

——高攀龍《高子遺書》卷一

朱子讓學者半天靜坐，半天讀書。這樣有三年，沒有不進步的。曾經實驗過一兩月，就有不同。學者不做這樣的工夫，虛度一生，非常可惜。

注：高攀龍，明末儒者，東林黨主要成員。

（劉宗周道）朱夫子嘗言，學者半日靜坐，半日讀書，如此三五年，必有進步可觀。今當取以為法。然除卻靜坐工夫，亦無以為讀書地，則其實亦非有兩程侯也。學者誠於靜坐得力時，徐取古人書讀之，便覺古人真在目前。一切引翼提撕匡救之法，皆能一一得之於我。而其為讀書之益，有不可勝言者矣。

——《明儒學案》卷六十二

（劉宗周說）朱夫子曾經說過，學者半天靜坐，半天讀書，如此三五年。一定有很大進步。現在應當作為修養的方法。然而除了半天靜坐工夫，也不要以為就是該讀書的時候，其實也沒有兩種功課。學者們誠心靜坐有所得的時候，慢慢拿古人的書來讀，就覺得古人真的就在眼前。一切引導輔助提攜補救的辦法，都能一一被我獲得。而它對讀書的幫助，有說不完的益處。

注：劉宗周，明末著名儒者。

《考亭淵源錄》第十八卷載朱子告郭友仁，有半日讀書半日靜坐之說。郭是從禪學入門者，恐此所述未必確。用功如何可這樣限定。

——陸隴其《三魚堂剩言》卷八

　　《考亭淵源錄》第十八卷記載朱子告訴郭友仁，有半天讀書半天靜坐的說法。郭是從禪學進入朱子之門的，恐怕這裡記的未必準確。用功怎麼可以這樣限定。

第五節　致良知就是修身治國的全部

　　和朱熹略有不同，陸九淵認為「心即理」，也就是說，人的心就是天理。或者說，當氣凝聚成人時，氣中的理就凝聚為人的心。這個心，陸九淵稱之為人的「本心」。人只要按照這個本心辦事，就自然會合乎天理，修身治國就處處正確。問題在於，不是所有的人都能夠保持這個本心。要保持這個本心，陸九淵繼承孟子的主張，認為應該「先立乎其大者」。就是說，要先建立一個偉大的目標或志向，那麼，那些小的、個人的私心雜念，就不會擠佔這個本心的位置。

　　明代王守仁得出了和陸九淵大體相似的結論。王守仁認為，心的本體就是天理。心中的天理，也就是孟子所說的良知。因此，只要把心中的天理推廣開去，修身治國就都能合乎規範，從而達到國治天下平的效果。王守仁把自己的理論歸結為「致良知」，並且逐步成為明代儒學的主流。

　　故仁義者，人之本心也。孟子曰：「存乎人者，豈無仁義之心哉。」又曰：「我固有之，非由外鑠我也。」愚不肖者不及焉，則蔽於物欲，而失其本心。賢者智者過之，則蔽於意見，而失其本心。

　　　　　　　　——陸九淵〈與趙監〉，《象山集》卷一

　　所以，仁義，是人的本心。孟子說：「每個人心裡，難道沒有仁義的心嗎。」又說：「我本來就有的，不是從外面滲透進來的。」愚

昧和不走正道的做不到，是被物質欲望蒙蔽，因而丟失了本心。賢能的、智慧的又過分了，是被自己的意見所遮蓋，因而失去了本心。

孟子曰：「心之官則思。思則得之，不思則不得也。」又曰：「存乎人者，豈無仁義之心哉。」又曰：「至於心，獨無所同然乎。」又曰：「君子之所以異於人者，以其存心也。」又曰：「非獨賢者有是心也，人皆有之。賢者能勿喪耳。」又曰：「人之所以異於禽獸者幾希，庶民去之，君子存之。」去者，去此心也。故曰：「此之謂失其本心。」存之者，存此心也。故曰：「大人者，不失其赤子之心。」四端者，即此心也。天之所以與我者，即此心也。人皆有是心，心皆具是理。心即理也。故曰：「理義之悅我心，猶芻豢之悅我口。」所貴乎學者，為其欲窮此理盡此心也。有所蒙蔽，有所移奪，有所陷溺，則此心有所不靈，此理為之不明。是謂不得其正。其見乃邪見，其說乃邪說。一溺於此，不由講學，無自而復。故心當論邪正，不可無也。以為吾無心，此即邪說矣。

——陸九淵〈與吳顯仲〉，《象山集》卷二

孟子說：「心這個大器官就要思索。思索就有所得，不思索就得不到。」又說：「每個人心裡，難道沒有仁義的心嗎？」又說：「至於心，就沒有共同認可的東西嗎？」又說：「君子不同於別人的地方，在於他的存心不同。」又說：「不僅賢者有這樣的心，人人都有的。賢者能不丟失罷了。」又說：「人和那禽獸不同的地方是很小的，庶民失去了，君子保存著。」失去的，就是失去這顆心。所以說：「這叫作失去他的本心。」保存著，保存這顆心啊。所以說：「所謂大人，就是沒有失去赤子一樣的心。」所謂「四端」，也就是這顆心。上天用來給予我的，也就是這顆心。人都有這顆心，每顆心都具備這

個理。心就是理。所以說：「理義使我的心快樂，就像豬羊肉使我的口舒服。」之所以尊重學者，因為他們能窮盡這個理、盡到這個心。有所蒙蔽，有所轉移，有所沉陷，這顆心就有所不靈，這個理也就不明。這叫作沒有得到它的正。他的見解就是邪見，他的說法就是邪說。一旦沉陷在這裡，不經過講究學問，就沒有辦法恢復。所以心當討論他的邪正，不可以沒有。以為我無心理會，這就是邪說。

　　某屢言先立乎其大者。又嘗申之曰，誠能立乎其大者，必不相隨而為此言矣。

　　　　　　　　　　——陸九淵〈與邵叔誼〉，《象山集》卷十

　　我屢次說過要先樹立起那個大的。又曾經申明說，真的能夠樹立起那個大的，一定不會跟著去說這樣的話。

　　「大哉，聖人之道！洋洋乎發育萬物，峻極於天，優優大哉！」天之所以為天者，是道也。故曰：「唯天為大。」天降衷於人，人受中以生，是道固在人矣。孟子曰：「從其大體」，從此者也。又曰：「養其大體」，養此者也。又曰：「養而無害」，無害乎此者也。又曰：「先立乎其大者」，立乎此者也。居之謂之廣居，立之謂之正位，行之謂之大道。非居廣居，立正位，行大道，則何以為大丈夫。

　　　　　　　　　　——陸九淵〈與馮傳之〉，《象山集》卷十三

　　「偉大啊，聖人之道！浩浩蕩蕩地產生和養育著所有的事物，和天一樣的崇高，非常的偉大啊！」天之所以成為主宰世界的天，是由於那個道啊。所以說：「天最偉大。」天降生給人內在的品質，人接受這內在的品質而出生，這道本來就存在於人的身上。孟子說：「順

從心這個大器官」，順從的就是這個道。又說：「養護人體這個大器官」，養的也是這個道。又說：「先樹立起那個大的」，樹立的也是這個道。置身在這裡稱為廣大的居所，立身在這裡稱為正確的位置，貫徹和實行它就稱為大道。不置身於廣大的居所，站立正確的位置，實行這個大道，怎麼能成為大丈夫！

　　吾之學問與諸處異者，只是在我全無杜撰。雖千言萬語，只是覺得他底在我不曾添一些。近有議吾者云，除了「先立乎其大者」一句，全無伎倆。吾聞之曰：誠然。

——《象山語錄》卷一

　　我的學問和別人不同的，只是在於我完全沒有自己杜撰的。即使千言萬語，也只是覺得它們在我這裡沒有任何添加。近來有議論我的人說，除了「先樹立起那個大的」一句，完全沒有任何本事。我聽到後說：是這樣的。

　　所謂致知格物者，致吾心之良知於事事物物也。吾心之良知，即所謂天理也。致吾心良知之天理，於事事物物皆得其理矣。致吾心之良知者，致知也。事事物物皆得其理者，格物也。是合心與理而為一者也。合心與理而為一，則凡區區前之所云與朱子晚年之論，皆可以不言而喻矣。

——王守仁〈答顧東橋書〉，《傳習錄中》

　　所說的致知格物，就是把我心中的良知送達到所有的事物。我心中的良知，就是所說的天理。把我心中的天理送達，所有的事物就都得到它們的天理了。送達我心中的良知，就是致知。所有的事物都得

到它們的天理，就是格物。這是把心和理合而為一了。把心與理合而為一，那麼以前我所說的一切以及朱子晚年的論說，就都可以不言而喻了。

良知不由見聞而有，而見聞莫非良知之用。故良知不滯於見聞，而亦不雜於見聞。孔子云：「吾有知乎哉？無知也。」良知之外，別無知矣。故致良知是學問大頭腦，是聖人教人第一義。

　　　　　　　　　——王守仁〈答歐陽崇一〉，《傳習錄中》

良知不是由於見聞獲得的，見聞則沒有不是良知的作用。所以良知不停止於見聞，但也不混雜於見聞。孔子說：「我有知識嗎？沒有的啊。」良知以外，沒有其他的知識。所以良知是學問的總首領，是聖人教人的第一位要義。

君子之學，終身只是集義一事。義者，宜也。心得其宜之謂義。能致良知，則心得其宜矣。故集義亦只是致良知。君子之酬酢萬變，當行則行，當止則止，當生則生，當死則死。斟酌調停，無非是致其良知以求自慊而已。

　　　　　　　　　——王守仁〈答歐陽崇一〉，《傳習錄中》

君子的學問，終身也就是積累正義一件事。義，就是適宜。心中覺得適宜，這就是義。能夠致良知，心就覺得適宜。所以積累正義也就是致良知。君子所處理的一切事務，應當作的就做，應當停止的就停止，應當生存的就生存，應當死亡的就死亡。斟酌協調，沒有不是送達自己的良知以求得心中的坦然罷了。

心之良知是謂聖。聖人之學，惟是致此良知而已。自然而致之

者，聖人也。勉然而致之者，賢人也。自蔽自昧而不肯致之者，愚不肖者也。愚不肖者雖其蔽昧之極，良知又未嘗不存也。苟能致之，即與聖人無異矣。此良知所以為聖愚之同具，而人皆可以為堯舜者，以此也。是故致良知之外，無學矣。自孔孟既沒，此學失傳幾千百年。賴天之靈，偶復有見，誠千古之一快，百世以俟聖人而不惑者也。

　　　　　　—— 王守仁〈書魏師孟卷乙酉〉，《王文成全書》卷八

　　心中的良知就是聖。聖人的學問，只是送達這個良知而已。自然送達良知的，是聖人。經過努力而送達良知的，是賢人。自己蒙蔽愚昧而不肯去送達的，是愚人和不走正道的人。愚人和不走正道的人雖然蒙蔽和愚昧到極點，但良知卻也不是不存在。假如能夠送達出去，就和聖人沒有什麼差別。這個良知之所以被聖人和愚昧者共同具備，而人人都可以成為堯舜的，就是因為這一點。所以，在致良知以外，沒有別的學問。孔孟去世以後，這個學問失傳達千百年。賴有上天的保佑，偶然又見到了，真是千古以來的一件快事，多少世代以後即使有聖人出現也不會認為這是錯誤的啊！

　　夫致知之學，發自孔門。而孟子良知之說，則又發所未發。陽明先生合而言之，曰致良知。則好善惡惡之意，誠推其極，家國天下，可坐而理矣。

　　　　　　—— 李春芳〈重修陽明王先生祠記〉

　　致知的學問，起源於孔子。孟子的良知理論，又是說出了前人所沒有說的。王守仁先生把兩者合在一起，成為致良知。那推崇善行、討厭惡行的意思，假如推論到極點，家、國、天下，都可以很容易地得到治理。

　　注：李春芳，明代中期儒者。

第六節　漢學與宋學之爭

　　明朝滅亡了。原是明朝臣子的儒者反思滅亡的原因，認為是王守仁的學說導致了國家的滅亡。王守仁的學說又是上承朱熹、陸九淵而來，所以以程朱為代表的理學也受到了許多批評。批評集中到一點就是，他們都沒有嚴格按照儒經的教導治理國家，而是用一套自己發明的學說代替了聖人的教導。於是他們認為，要建立一套新的治國之道，就必須回到六經。清朝的儒者們鑒於明朝滅亡的教訓，也認為不能把王守仁的學說作為統治思想。但他們不否認朱熹。他們認為，漢唐時期的儒者理解儒經的字面意義比較準確，而程頤、朱熹等理解儒經的內在思想比較深刻。雖然這一時期的儒者們分成了漢學、宋學兩派，但朝廷的政策則是於兩派取長補短。

　　這一時期的儒者們共同的一點，都要求認真理解儒經。為了理解儒經，首先需要理解文字，理解書中的重要事件。於是，訓詁學、考據學發展起來。而以訓詁、考據見長的儒者們大多生活於乾隆、嘉慶年間，這一儒學潮流也被稱為「乾嘉學派」。

　　乾嘉學派在正確理解儒經文字方面做了許多有益的工作。他們共同的成果就是編纂了《四庫全書》。他們希望《四庫全書》能幫助儒者們全面而正確地理解儒經的教導，從而達到國治天下平的效果。

　　國初諸家，其學徵實不誣。及其弊也瑣。（如一字音訓動辨數百言之類）要其歸宿，則不過漢學、宋學兩家互為勝負。夫漢學具有根柢，講學者以淺陋輕之，不足服漢儒也。宋學具有精微，讀書者以空疏薄之，亦不足服宋儒也。消融門戶之見，而各取所長，則私心祛而公理出，公理出而經義明矣。蓋經者非他，即天下之公理而已。

　　　　　　　　　　　　　　　　——《四庫總目·經部總敘》

建國初年的諸位名家，他們的學問紮實，沒有胡說妄議。他們的弊病是煩瑣。（比如一個字的解釋動輒就數百個字之類）概括他們的歸宿，不過是漢學、宋學兩家。漢學基礎紮實，喜歡講學議論的人認為淺薄孤陋而輕視他們，不能夠折服從事漢學的儒者。宋學確實深刻精細，喜歡鑽研書本的人認為空疏因而鄙薄他們，也不能折服從事宋學的儒者。消除、融合門戶之見，各取所長，就會使私心去掉，公理出現。公理出現，經文的意思就會明確。因為經不是別的，就是天下的公理罷了。

有明一代，囿於性理，汩於制義，無一人知讀古經注疏者。自梨洲起而振起頹波，亭林繼之，於是承學之士，知習古經義矣⋯⋯國朝諸儒，究六經奧旨，與兩漢同風，二君實啟之。

——江藩《漢學師承記》卷八

整個明朝，侷限於心性天理的討論，迷亂於八股的文章，沒有一個人知道閱讀古經和注疏的。自從黃宗羲興起振興這頹廢的風氣，顧炎武又繼續如此，於是繼承他們學問的人們，才知道誦讀古代的經書了⋯⋯本朝的諸位儒者，研究六經深奧的宗旨，和兩漢的風氣相同，確實是這兩位啟發的結果。

注：江藩，乾嘉學派儒者。

劉、石亂華，本於清談之流禍，人人知之。孰知今日之清談，有甚於前代者。昔之清談，談老莊；今之清談，談孔孟。未得其精，而已遺其粗；未究其本，而先辭其末。不習六藝之文，不考百王之典，不綜當代之務，舉夫子論學、論政之大端一切不問，而曰「一貫」，曰「無言」。以明心見性之空言，代修己治人之實學。股肱惰而萬事

荒，爪牙亡而四國亂，神州蕩覆，宗社丘墟。

——顧炎武〈夫子之言性與天道〉，《日知錄》卷七

　　劉氏和石氏擾亂華夏，根源是清談的流禍，人人都知道。誰知道
今天的清談，比以前更厲害的呢。過去的清談，談的是老子和莊子；
今天的清談，談的是孔子和孟子。精華還沒有得到，粗疏的地方就先
被拋棄了。還沒有弄清根本，末梢就先被排斥了。不讀六經的文字，
不考察歷代王者的典籍，不關心當代的政治，把夫子論學論文中那些
重要的內容一概不問，卻去討論什麼「一以貫之」的道，實行什麼沒
有言論的教。用「明心見性」這樣的空話，代替修養自己治理國家的
實際學問。重臣們懶惰，荒廢了千千萬萬件國家的大事；將領們無
能，導致天下大亂，國家覆滅，宗廟成為荒丘。

　　注：顧炎武，明末清初重要儒者。

　　理學之名，自宋人始有之。古之所謂理學，經學也，非數十年不
能通也。故曰「君子之於《春秋》，沒身而已矣」。今之所謂理學，禪
學也。不取之五經，而但資之語錄，較諸帖括之文尤易也。又曰，
《論語》，聖人之語錄也。舍聖人之語錄，而從事於後儒，此之謂不
知本矣。

——顧炎武〈與施愚山書〉，《亭林文集》卷三

　　理學的名稱，從宋朝人開始才有。古代所說的理學，就是經學，
沒有數十年是不能通曉的。所以說「君子對於《春秋》，是終生的事
業」。今天所說的理學，乃是禪學。不根據五經，僅僅依靠語錄，比
起考試填空之類的文章更加容易。又說，《論語》，就是聖人的語錄。
捨棄聖人的語錄，僅僅誦讀後來儒者的語錄，這叫作不知根本。

公謂明人講學，襲語錄之糟粕，不以六經為根柢，束書而從事於游談。故受業者必先讀經。經術所以經世，方不為迂儒之學。

　　　　　　　　　　　　　　——全祖望〈梨洲先生神道碑文〉

　　先生說明朝人討論學問，沿襲語錄的糟粕，不以六經為根本，不讀書，卻從事不著邊際的清談。所以做學生的必須首先讀經。經中的道理用來治理國家，才不是迂闊儒者的學問。

　　注：公，指黃宗羲，明末清初重要儒者。全祖望，黃宗羲的學生。

王氏之學，一傳而為王畿，再傳而為李贄。無忌憚之教立，而廉恥喪，盜賊興，中國淪沒。皆惟怠於明倫察物而求逸獲，故君父可以不恤，髮膚可以不顧。陸子靜出而宋亡，其流禍一也。

　　　　　　　　　　　　——王夫之《張子正蒙注‧乾稱篇下》

　　王守仁的學問，一傳成為王畿，再傳成為李贄。蔑視規範的教導成立，就不顧廉恥，強盜興起，中國淪亡。都是由於懶得去弄清人倫物理而只求輕易獲得，所以君父可以不管，頭髮可以剃掉（做僧人）。陸九淵出現導致宋朝滅亡，他們的流禍都是一樣的。

周公之六德、六行、六藝，孔子之四教，正學也；靜坐讀書，乃程朱陸王為禪學、俗學所浸淫，非正務也。

　　　　　　　　　　　　　　　　　　　——《顏元年譜》

　　周公的六德、六行、六藝，孔子的四教，是正統的學問。靜坐讀書，是程頤、程顥、朱熹、陸九淵、王守仁的禪學、俗學所侵蝕的學問，不是正確的行為。

予未南游時，尚有將就程朱附之聖門支派之意。自一南游，見人
人禪子，家家虛文，直與孔門敵對。必破一分程朱，始入一分孔孟。
乃定以為孔孟、程朱，判然兩途，不願作道統中鄉願矣。

──《顏元年譜》

我沒有到南方之前，還有把二程和朱熹附在聖門作為一派的意
思。自從到南方去了一趟之後，看到人人都是禪學弟子，家家都是空
虛無用的文章，直接和孔門敵對。必須破除一分程朱，才能進入一分
孔孟。於是確定認為孔孟和程朱，截然是兩條道路，不願做道統中的
鄉願了。

朕惟治天下，以人心風俗為本。而欲正人心、厚風俗，必崇尚經
學，而嚴絕非聖人之書⋯⋯

──〈諭禮部〉，《聖祖仁皇帝御製文第四集》卷四

我認為治理天下，以人心風俗為根本。而要端正人心、淳厚風
俗，必須崇尚經學，並嚴格杜絕那些不是聖人的書⋯⋯

朕觀宋儒周程張朱之學，與《四書》相表裡，為六經之階梯。平
易精實，有禪學者。

──〈諭大學士溫達松柱、李光地、蕭永藻、王掞〉，

《聖祖仁皇帝禦制文第四集》卷四

我看宋儒周敦頤、二程、張載、朱熹的學問，和《四書》互相補
充，是讀懂六經的階梯。平實易懂，精到實在，對學者有益。

帝王敷治，文教為先。臣子致君，經術為本。自明末擾亂，日尋干戈，學問之道，闕焉未講。今天下漸定，朕將興文教，崇經術，以開太平。爾部傳諭直省學臣，訓督士子，凡理學、道德、經濟、典故諸書，務研求淹貫。明體則為真儒，達用則為良吏。果有實學，朕必不次簡拔，重加任用。

——清世祖上諭《清史稿‧選舉志》

帝王實施的治理，首先是文治教育。臣子幫助君主，經書的教導是根本。明朝末年動亂，天天戰爭不斷，學問的事，荒廢不講。現在天下逐漸穩定，國家將要振興文治教育，崇尚經書的學問，以開闢太平。你們這個部門傳達給直屬省分管理學校的臣子，教訓督促學生，包括理學、道德、治國、典故等書，一定要求融會貫通。通曉本體的才是真儒，能實際運用才是優秀官吏。果然有真才實學的，國家一定破格提拔，重加任用。

經之至者，道也；所以明道者，辭也；所以成辭者，字也。必由字以通其辭，由辭以通其道，乃可得之。

——江藩《漢學師承記》卷五

經到了極點，就是道；說明道的，是語言；組成語言的，是單字。必須經過單字來讀通語言，經過語言來明白道，才可以懂得。

第七節　為救國而採西學

鴉片戰爭驚醒了中國天朝大國的醉夢。中國人從此不僅知道世界上還有別樣的國家，而且知道還有別樣的學問。那別樣的國家打敗了

中國，因而那別樣的學問也受到了特殊的重視。在一次又一次的失敗中，儒者們終於明白，要擺脫失敗，使國家免於滅亡，就必須學習人家的學問，找一條新的治國之路。尋找的結果，就是儒學被拋棄了。儒學完成了它的歷史使命。儒學曾經為治理中國這個人口最為眾多、國土面積十分廣大的國度盡了自己的力量，曾經有過非常輝煌的歷史。但面臨新的世界形勢，它終於不能再擔負起治國平天下的責任。像一個老人，他該退休了，並且實際上也退休了。

　　然而儒學畢竟有過兩千年的輝煌。這位退休的「老人」留下了豐富的思想遺產。這份遺產有些已經過時了，特別是它提供的君臣父子的治國之道，已經不再能夠治國了。但它認真地研究了自然界，研究了人類社會，提出了許許多多處世做人之道。其中許多認識成果已經成為我們進一步認識的基礎，許多處世做人之道早已融化在我們民族的血液裡，並且還將繼續影響我們以後的前進步伐。因此，清理這份遺產，為我們今天服務，是一個重大的課題。

　　本節所披載的，是鴉片戰爭以後，儒者們尋求新的治國之道的點滴言論。雖然點滴，也可看出尋求的艱難和歷史的必然。

　　近日治漢學者，專務記丑，駢斥躬行。即論洙泗淵源，亦止云定、哀間儒者之學如是，在子思、孟子以前；其意欲托尊《論語》以排思、孟，甚至訓「一貫」為「壹行」，以詁經為生安之學，而以踐履為困勉之學。今即以孔、孟、曾、思之書條貫示之，其肯相從於鄒、魯否，尚未可知也。

　　　　　　　　　　　　　　——魏源〈論語孟子類編序〉

　　近來研究漢代學問的儒者，專門從事記憶背誦和校訂文字，排斥親身實行。即使討論儒學淵源，也只說魯定公、魯哀公時的儒者們是

這樣的，在子思和孟子之前。他們想要借助尊崇《論語》來排斥子思和孟子。甚至解釋「一以貫之」是「專一實行」，認為解釋經文是聖人的學問，實行僅僅是賢人的學問。這裡就把孔子、孟子、曾參、子思的書分類系統排列給人們看，至於人們願不願意向孟子等人學習，就沒法知道了。

　　注：魏源，清朝中期儒者，林則徐的學生。曾應林的要求，編製《海國圖志》，以瞭解國外情況。提出「師夷之長技以制夷」的強國主張。

　　工騷墨之士，以農桑為俗務，而不知俗學之病人更甚於俗吏。托玄虛之理，以政事為粗才，而不知腐儒之無用亦同於異端。彼錢穀簿書不可言學問矣，浮藻餖飣可為聖學乎？釋老不可治天下國家矣，心性迂談可治天下國家乎？

——魏源《默觚・治篇一》

　　會寫文章的人們，把關心農事看作俗氣，卻不知俗學的危害更甚於俗吏。借助不著邊際的玄虛道理，把政府事務看做粗笨的話計，卻不知道腐朽儒者的無用和異端一樣。認為錢糧帳目算不得學問，堆砌辭藻可以算做聖人的學問嗎？僧人和道士不可以治理天下，心性的迂闊言論就可以治天下了嗎？

　　國藩嘗謂，性命之學，五子為宗；經濟之學，諸史咸備，而淵源全在六經。

——曾國藩〈覆潁州府夏教授書〉

　　國藩我曾經說過，關於人性天命的學問，以（周敦頤、二程、張

載、朱熹）五人為宗師。治理國家的學問，那些史書上都具備了，它們的淵源，完全在於六經。

　　能深且博，而屬文復不失古聖之誼者，孟氏而下，唯周子之《通書》，張子之《正蒙》，醇厚正大，邈焉寡儔。許、鄭亦能深博，而訓詁之文或失則碎；程、朱亦且深博，而指示之語，或失則隘……

　　　　　　　　　　　　　　　　——曾國藩〈致劉孟容〉

　　能夠深入而且廣博，並且寫成文章又能保持古代聖人宗旨的，孟子以下，只有周子的《通書》，張子的《正蒙》，淳厚正大，深遠而少人匹敵。許慎、鄭玄也深入廣博，但訓詁的文字有的太瑣碎；程顥、程頤和朱熹也深入廣博，但教人如何行動的話，有的太狹隘……

　　以中國之倫常名教為原本，輔以諸國富強之術，不更善之善者！
　　　　　　　　　　　　　　——馮桂芬《校邠廬抗議·采西學議》

　　以中國的倫理道德、禮樂教化為根本，用其他國家走向富強的辦法為輔助，不就更加好上加好了嗎！
　　注：馮桂芬，清朝中期儒者，提倡學習西方學問的先驅之一。

附錄　文祥論議院

　　是年冬，穆宗崩，德宗繼統即位，晉武英殿大學士。以久病請罷，溫詔慰留，解諸兼職，專任軍機大臣及總理各國事務。時國家漸多故，文祥深憂之，密陳大計疏曰：「洋人為患中國，愈久愈深，而其窺伺中國之間，亦愈熟愈密。從前屢戰屢和，迄無定局，因在事諸

臣操縱未宜。及庚申定約,設立衙門專司其事,以至於今,未見決裂。就事論事,固當相機盡心辦理,而揣洋人之用心,求馭外之大本,則不繫於此,所繫者在人心而已矣。溯自嘉慶年間,洋人漸形強悍,始而海島,繼而口岸,再及內地,蓄力屬精習機器,以待中國之間,一逞其欲。道光年間,肆掠江、浙,自江寧換約以後,覬覦觀望。直至粵匪滋事,以為中國有此犯上作亂之事,人心不一,得其間矣。於是其謀遂洩,闖入津門,雖經小挫,而其意愈堅,致有庚申之警。然其時勢局固危,民心未二,勤王之師雖非勁旅,而聞警偕來;奸細之徒雖被誘脅,而公憤同具,以是得受羈縻,成此和局。十餘年來,仰賴皇太后、皇上勵精圖治,宵旰勤勞,無間隙之可尋;在事諸臣始得遇事維持,未至啟釁,偶有干求,尚能往返爭持,不至太甚,非洋務之順手,及在事者折衝之力,皆我皇太后、皇上朝乾夕惕,事事期符民隱,人心固結,有以折外族之心,而杜未形之患也。然而各國火器技藝之講求益進,彼此相結之勢益固。使臣久駐京師,聞我一政之當則憂,一或不當則喜,其探測愈精。俄人逼於西疆,法人計占越南,緊接滇、粵,英人謀由印度入藏及蜀,蠢蠢欲動之勢,益不可遏。所伺者中國之間耳,所基者中國大本之未搖,而人心之難違耳。說者謂各國性近犬羊,未知政治,然其國中偶有動作,必由其國主付上議院議之,所謂謀及卿士也;付下議院議之,所謂謀及庶人也。議之可行則行,否則止,事事必合乎民情而後決然行之。自治其國以此,其觀他國之廢興成敗亦以此。儻其國一切政治皆與民情相背,則各國始逞所欲為,取之恐後矣。如土耳其、希臘等國,勢極弱小,而得以久存各大國之間者,其人心固也。強大如法國,而德國得以勝之者,以法王窮侈任性,負國債之多不可復計,雖日益額餉以要結兵心,而民心已去,始有以乘其間也。夫人必自侮而後人侮之,物必先自腐而後蟲生焉。理之所在,勢所必至。中國之有外國,猶人身之有

疾病，病者必相證用藥，而培元氣為尤要。外國無日不察我民心之向背，中國必求無事不愜於民心之是非。中國天澤分嚴，外國上議院、下議院之設，勢有難行，而義可采取。凡我用人行政，一舉一動，揆之至理，度之民情，非人心所共愜，則急止勿為；事繫人心所共快，則務期於成。崇節儉以裕帑需，遇事始能有備，納諫諍以開言路，下情藉以上通。總期人心永結，大本永固，當各外國環伺之時，而使之無一間可乘，庶彼謀不能即遂，而在我亦堪自立。此為目前猶可及之計，亦為此時不能稍緩之圖。若待其間之既開，而欲為斡旋補苴之法，則和與戰俱不可恃。即使仍可苟安，而大局已不堪復問，則何如預防其間之為計也。

──《清史稿‧文祥傳》

　　然近日風俗人心之壞，更宜講求挽救之方。蓋風俗弊壞，由於無教。士人不立廉恥，而欺詐巧滑之風成。大臣托於畏謹，而苟且廢弛之弊作。而六經為有用之書，孔子為經世之學，鮮有負荷宣揚，於是外夷邪教，得起而煽惑吾民。直省之間，拜堂棋布，而吾每縣僅有孔子一廟，豈不可痛哉。

　　今宜亟立道學一科，其有講學大儒，發明孔子之道者，不論資格，並加徵禮，量授國子之官，或備學政之選。其舉人願入道學科者，得為州、縣教官。其諸生願入道學科者，為講學生，皆分到鄉落，講明孔子之道，厚籌經費，且令各善堂助之。並令鄉落淫祠，悉改為孔子廟，其各善堂、會館俱令獨祀孔子，庶以化導愚民，扶聖教而塞異端。

　　其道學科有高才碩學，欲傳孔子之道於外國者，明詔獎勵，賞給國子監、翰林院官銜，助以經費，令所在使臣領事保護，予以憑照，令資遊歷。若在外國建有學堂，聚徒千人，確有明效，給以世

爵。……若南洋一帶，吾民數百萬，久隔聖化，徒為異教誘惑，將淪左衽。皆宜每島派設教官，立孔子廟，多領講學生分為教化。將來聖教施於蠻貊，用夏變夷，在此一舉。且借傳教為遊歷，可洞夷情，可揚國聲，莫不尊親，尤為大義矣。

——康有為〈上清帝第二書〉

　　然而近來風俗人心的敗壞，更應該講求挽救的辦法。風俗的敗壞，由於沒有教化。士人們不講究操守，弄虛作假、投機取巧的風氣就形成了。大臣假託畏懼謹慎，苟且偷安、荒廢政事的弊病就出來了。然而六經是有用的書，孔子是治國的學問，卻少有擔負宣傳責任的，於是外夷的邪教，得以興起來煽惑我們的民眾。各省之內，禮拜堂星羅棋佈，而我們每個縣僅有孔子廟一座，難道不是令人痛心的事嗎？

　　現在應該儘快建立「道學」這個科目，有教授學生的大儒，能夠闡明孔子之道的，不論資格，一律以禮徵召，酌情授予國學官職，或者做學官的候補。假如有舉人願意進道學科的，可以做州縣的教官。有生員願意進道學科的，授為講學生，都分配到鄉村，去講明孔子之道，籌集充足的經費，還要命令各善堂資助他們。並且命令鄉村中的淫祠，一律改為孔廟。各種善堂、會館，都要命令他們只能祭祀孔子，以便教化引導愚民百姓，扶持聖教，杜絕異端。

　　假如道學科中有才能高超、學問淵博，想把孔子之道傳播到外國的，明確下詔獎勵，賞給國子監、翰林院官銜，資助他們經費，命令所在國的使臣加以保護，給他們護照，讓他們自由遊歷，如果在外國建有學堂，聚集學生千人，確實有明確效果的，給予世襲的爵位。……像南洋一帶，我國的民眾有數百萬，長久和聖人教化隔絕，白白地被異教誘惑，即將淪為野蠻之民。都應該在每個島上派設教官，建立孔子廟。多派講學生，分開進行教化。將來讓聖教施加於蠻

方民眾，用華夏改變蠻夷，在此一舉。並且借助傳教到處遊歷，可洞曉蠻夷的情況，可宣揚國家的聲望，沒有不尊重和親近我們的，這尤其具有重要的意義。

一曰宗旨宜先定。中國五千年來，聖神相繼，政教昌明，絕不能如日本之舍己是人，盡棄其學而學西法。今中國創立京師大學堂，自應以中學為主，西學為輔；中學為體，西學為用。中學有未備者，以西學補之；中學有失傳者，以西學還之。以中學包羅西學，不能以西學凌駕中學。此是立學宗旨。

　　　　　　　　　　　——總理衙門〈議覆開辦京師大學堂折〉

第一項，宗旨應該首先確定。中國五千年來，聖人神人互相繼承，政治教化發揚光明，絕不能像日本那樣捨棄自己隨從別人，完全拋棄自己的學問而學習西方的辦法。現在中國創立京師大學堂，自然應該以中國的學問為主，西方的學問為輔；中國的學問為本體，西方的學問做應用。中國的學問有不完備的，用西方的學問補充上；中國的學問有失傳的，用西方的學問恢復起來。用中國的學問包括西方的學問，不能讓西方的學問凌駕於中國學問之上。這是建立學堂的宗旨。

今欲強中國，存中學，則不得不講西學。然不先以中學固其根柢，端其識趣，則強者為亂首，弱者為人奴，其禍更烈於不通西學者矣。

　　　　　　　　　　　　　　　　——《勸學篇·循序》

現在想強盛中國，保存中國學問，就不得不講授西方學問。然而如果不先用中國的學問使其根柢牢固，端正見識和趨向，那麼，強橫的就會是作亂的首領，懦弱的就會作別人的奴隸，那樣的災難就比不通西方學問更加嚴重。

附錄二

　　自甲午一役，喪師辱國，列強群起。攘奪權利，國勢益岌岌。朝野志士，恍然於向者變法之不得其本，侍郎李端棻、主事康有為等，均條議推廣學堂。光緒二十四年，德宗諭曰：「邇者詔書數下，開特科，改武科制度，立大、小學堂。惟風氣尚未大開，論說莫衷一是。國是不定，則號令不行。特明白宣示中外，自王公至士庶，各宜努力發憤，以聖賢義理之學植其根本，博采西學切於時務者，實力講求，以救空疏迂謬之弊。京師大學為各省倡，應首先舉辦。……」

　　五月，又諭各直省督、撫，將各省府、州、縣大、小書院，一律改為兼習中、西學之學校，其階級，以省會之大書院為高等學，郡城之書院為中學，州、縣之書院為小學。頒給京師大學章程，令仿照辦理。各書院經費，盡數提作學堂經費。紳民如能捐建學堂，或廣為勸募，准奏請給獎。有獨立措捐巨款者，予以破格之賞。民間祠廟不在祀典者，一律改為學堂，以節糜費而隆教育。是時管學大臣之許可權，不專管理京師大學堂，並節制各省所設之學堂。實以大學校長兼全國教育部長之職權知。

——《清史稿・選舉二》

　　八月政變，由舊黨把持朝局，卒釀成庚子之禍。逮二十七年，學校漸有復興之議。……辛丑，兩宮回鑾。以創痛巨深，力求改革。……

　　三十一年，世凱、之洞會奏：「科舉一日不停，士人有僥倖得第之心，以分其砥礪實修之志。民間相率觀望，私立學堂絕少。如再遲十年甫停科舉，學堂有遷延之勢，人才非急切可求。必須二十餘年後，始得多士之用。擬請宸衷獨斷，立罷科舉。飭下各省督、撫、學

政，學堂未辦者，從速提倡；已辦者，極力擴充。學生之良莠，辦學人員之功過，認真考察，不得稍辭其責。」遂詔自丙午科始，停止各省鄉、會試及歲、科試。尋諭各省學政專司考校學堂事務。於是沿襲千餘年之科舉制度，根本劃除。嗣後學校日漸推廣，學術思想因之變遷，此其大關鍵也。

——《清史稿·選舉二》

第七章
儒者處世之道

第一節　君子謀道不謀食

　　儒者們講的仁義禮智、忠孝節義等等，乃是治理國家所需要的道德，或者說，主要是一種治國原則。這些原則，儒者們自己當然是要實行的。除此以外，為了實現這套原則，儒者們還有許多自我的要求和處世方式。這些要求雖然是專為儒者們設計的，但作為一種道德，也值得瞭解和研究。

　　這些原則的第一要點，就是儒者們給自己規定：生存的目的，就是為了「謀道」。

　　儒者在古代的的地位，屬於「士」這個階層。依孟子說，士的任務或社會職責，就是出仕，即做官，為國家服務。就像農民必須種地一樣，士必須出仕做官。農民種地就要謀求把地種好，儒者出仕就應該謀求把官做好。要做好官，就應該懂得如何才能做好，這就是謀求治國之道。

　　子曰：「君子謀道不謀食。耕也，餒在其中矣。學也，祿在其中矣。君子憂道不憂貧。」

　　　　　　　　　　　　　　　　　　　　　　——《論語·衛靈公》

　　鄭玄注：餒，餓也。言人雖念耕而不學，故饑餓。學則得祿，雖不耕而不餒。此勸人學。

皇侃疏：「子曰」至「憂貧」。云「子曰」云云者，謀，猶圖也。人非道不立，故必謀道也。自古皆有死也，不食亦死。死而後已，而道不可遺。故謀道不謀食也。云「耕也」云云者，餒，餓也。唯知耕而不學，是無智之人也。雖有穀，必他人所奪，而不得自食，是餓在於其中也。云「學也」云云者，雖不耕而學，則昭識斯明，為四方所重。縱不為亂君之所祿，則門人亦共貢贍，故云祿在其中矣。故子路使門人為臣，孔子云：「與其死於臣之手，無寧死二三子之手」是也。云「君子」云云者，學道，必祿在其中，所以憂己無道而已也。若必有道，祿在其中，故不憂貧也。……君子但當存大而遺細，故憂道不憂於貧也。

邢昺疏：此章亦勸人學也。人非道不立，故必先謀於道。道高則祿來，故不暇謀於食。餒，餓也。言人雖念耕而不學，則無知。歲有凶荒，故饑餓。學則得祿，雖不耕而不餒。是以君子但憂道德不成，不憂貧乏也。然耕也未必皆餓，學也未必皆得祿。大判而言，故云耳。

陳祥道《論語全解》：耕者志於利，而害在其中。學者志於道，而利在其中。君子所以謀道不謀食，憂道不憂貧也。

朱熹《論語集注》：耕所以謀食而未必得食，學所以謀道而祿在其中。然其學也，憂不得乎道而已，非為憂貧之故而欲為是以得祿也。

孔子說：「君子謀求道，不謀求飯碗。務農，會餓肚子的。求學，會得到俸祿的。君子為道憂慮，不為貧困憂慮。」

鄭玄注：餒，饑餓的意思。說的是人們雖然努力耕作但不求學，就會饑餓。求學，就會得到俸祿，雖然不耕作但不會挨餓。這是勸告人們求學。

皇侃疏：從「子曰」到「憂貧」。說「子曰」等等的意思，謀，就是圖謀。人沒有道就不能自立，所以必須謀求道。自古人都有死

亡，沒有飯吃也要死亡。死了就算了，但道不能丟。所以謀求道不謀求飯碗。說「耕也」等等，餒，饑餓的意思。只知道耕作而不知道求學，是沒有智慧的人。雖然有糧食吃，也一定會被別人奪去，因而不能夠自己食用，這就是所謂這樣做會餓肚子。說「學也」等等，雖然不耕作而去求學，就腦筋開竅，明白事情，被廣泛重視。即使不會被昏庸的君主錄用，學生們也會一起供養，所以說就會得到俸祿。所以子路讓孔子的弟子們做臣，孔子說：「與其死在臣的手裡，不如死在你們這些弟子們的手裡」，就是這個意思。說「君子」等等，學習道，一定會得到俸祿，所以只要憂慮自己有沒有道就行了。如果確實有道，就會得到俸祿，所以不憂慮貧困。……君子只應當心存大事而丟掉小事，所以為道憂慮，不為貧困憂慮。

　　邢昺疏：這一章也是勸人求學。人沒有道就不能自立，所以一定要先謀求道。道高，俸祿就會到來，所以沒有餘暇謀求飯碗。餒，饑餓的意思。說的是人雖然努力耕作但不求學，就會無知。歉收年份，就會饑餓。求學會得到俸祿，雖然不耕作卻不饑餓。所以君子只擔憂道德是否成就，不憂慮貧困。不過耕作未必就挨餓，求學未必就得俸祿。就大體而言，所以這麼說。

　　陳祥道《論語全解》：耕作的人志向在於獲利，危害就在其中。學者志向在於求道，獲利就在其中。君子因此才謀求道而不謀求飯碗，為道憂慮而不為貧困憂慮。

　　朱熹《論語集注》：耕作為的是謀求食物卻未必得到食物，求學為的是謀求道因而俸祿就在其中。然而他的求學，憂慮不能得道就行了，不是因為憂慮貧困才去求道以便得到俸祿。

　　孔子曰：「君子謀道不謀食。」又曰：「食無求飽。」則厚於本而薄於末之謂也。聖人置祿以待百官，祿充而後責之以事，故事修而國

家立矣。然則養豈素出也。君子養賢以居眾材，養優而後責之以道，故道至而教化行矣。

——石介《移府學諸生》

孔子說：「君子謀求道，不謀求飯碗。」又說：「吃飯不求吃飽。」是重視根本輕視末節的說法。聖人設置了俸祿供養百官，俸祿充足然後就要求他做事，所以事情得到辦理而國家也穩定了。但是供養難道是白給的嗎？君子供養許多賢才，供養優厚然後要求他提供行事之道，所以道就到來因而教化就能進行。

注：石介，北宋儒者，理學的前驅。

因言近來稍信得命，及孔子說君子謀道不謀食，憂道不憂貧。觀此一段，則窮達當付之分定。所當謀者，惟道爾。曰：「此一段不專為有命，蓋專為學者當謀道而設。只說一句，則似緩而不切，故又反覆推明，以至憂道不憂貧而止。」

——《朱子語類》卷四十五

接著說近來有點信命，以及信孔子所說的君子謀求道，不謀求飯碗，為道憂慮而不為貧困憂慮。看這一段，知道窮困還是通達，都應當交給命中註定。所應當謀求的，只有道就是了。答：「這一段不是專說有天命，而是專為學者們應當謀求道而說的。只說一句，好像不重要也不貼切，所以又反覆推論說明，直到為道憂慮不為貧困憂慮為止。」

昔夫子之言曰：「君子謀道不謀食。」蓋學所以謀道，猶耕所以謀食也。學非以求祿，猶耕非以求餒也。然而祿與餒不求而自至，則

是君子謀道者，憂不得乎道也；不謀食者，不憂去其貧也。勉其在我者，而聽其天者耳。

——明陳謨〈學耕說〉,《海桑集》卷四

　　過去夫子說過：「君子謀求道，不謀求飯碗。」求學就是謀求道，就像耕作為的是謀求食物一樣。求學不是為了謀求俸祿，就像耕作不是為了謀求饑餓。然而俸祿和饑餓不謀求它自己就來了，就是說君子謀求道的，要憂慮得不到道；不謀求飯碗，就是不要為脫貧而操心。努力做自己可以做到的，其他就聽天由命了。

　　注：陳謨，元末明初儒者。

第二節　有道則仕，無道則隱

　　謀道的目的，是為了服務國家。在當時，由於君主是國家的代表和象徵，所以為國家服務也就是服務於君主。但是君主有好有壞，世道有治有亂。壞的君主和動亂的時勢，儒學稱為「無道」狀態。個人的力量，往往無法改變君主的德行，也無法改變客觀的形勢。這時候如果出仕為官，不僅難以行道，而且可能遭受殺身之禍。儒學主張，在無道的情況下，應該歸隱，而不要出仕。如果已經出仕，那麼，在這種狀況下，應該保持沉默，以智慧來保全自己。稱「明哲保身」。

　　這一點和農民不同。士人可以不出仕，農民卻不能不種地，也不能不納糧，而且愈是無道狀態，愈要多納糧。如果不納，就要被治罪。群體抗納，就要被鎮壓甚至殺頭。士不出仕，也會受到強迫，不過方式要緩和多了，最多是硬性邀請，一般不會鎮壓和治罪。有時候一個朝代甚至會特別表彰前一朝代的隱居者，為自己的臣子樹立忠誠的榜樣。

子曰：「直哉史魚！邦有道如矢，邦無道如矢。君子哉蘧伯玉，邦有道則仕，邦無道，則可卷而懷之。」

——《論語・衛靈公》

皇侃疏：「子曰」至「懷之」。云「直哉史魚」者，美史魚之行正直也。云「邦有」云云者，證其為直，譬矢箭也，性唯直而不曲。言史魚之德，恒直如箭，不以國有道無道為變曲也。云「君子哉蘧伯玉」者，又美蘧瑗也，進退隨時，合時之變，故曰君子哉也。云「邦有道則仕」者，出其君子之事也。國若有道，則肆其聰明以佐時也。云「邦無」云云者，國若無道，則韜光匿智而懷藏，以避世之害也。

邢昺疏：此章美衛大夫史鰍、蘧瑗之行也。「直哉史魚」者，美史魚之行正直也。「邦有道如矢，邦無道如矢」者，此其直之行也。矢，箭也。史鰍之德，其性惟直。國之有道無道，行直如箭，言不隨世變曲也。「君子哉蘧伯玉」者，美伯玉有君子之德也。「邦有道則仕，邦無道則可卷而懷之」者，此其君子之行也。國若有道，則肆其聰明而在仕也。國若無道，則韜光晦跡不與時政，故亦常柔順，不忤逆於人，是以謂之君子也。

朱熹《論語集注》：史，官名。魚，衛大夫，名鰍。如矢，言直也。史魚自以不能進賢退不肖，既死，猶以屍諫，故夫子稱其直。事見《家語》。伯玉出處合於聖人之道，故曰君子。卷，收也。懷，藏也。如於孫林父、甯殖放弒之謀，不對而出，亦其事也。楊氏曰：「史魚之直，未盡君子之道。若蘧伯玉，然後可免於亂世。若史魚之如矢，則雖欲卷而懷之，有不可得也。」

孔子說：正直啊，史魚！國家有道，他耿直得像一枝箭；國家無道，他也耿直得像一枝箭。君子啊蘧伯玉，國家有道就出仕，國家無道，就收起才能藏在懷裡。

　　皇侃疏：「子曰」到「懷之」。說「直哉史魚」的意思，讚美史魚的行為正直。說「邦有」等等，證明他的直就像箭一樣，性格只有耿直而不彎曲。這說的都是史魚的德行，總是耿直像箭，不因為國家有道無道而變成彎的。說「君子啊，蘧伯玉」的意思，是又讚美蘧瑗，是進是退，根據形勢的變化，所以說是君子啊。說「邦有道則仕」的意思，是說他出來做君子的事。國家如果有道，就儘量發揮自己的聰明來輔助治理。說「邦無」等等的意思，是說國家若是無道，就韜光匿智藏在懷裡，來躲避災難。

　　邢昺疏：這一章是讚美衛國大夫史鰌和蘧瑗德行的。「正直啊，史魚」的意思，是讚美史魚的行為耿直。「國家有道，他像一枝箭；國家無道，他也像一枝箭」的意思，是說他的耿直的表現。「君子啊，蘧伯玉」，讚美伯玉有君子的德行。「國家有道就出仕，國家無道，就收起才能藏在懷裡」。這就是君子的行為。國家若是有道，就充分發揮自己的聰明才智並且在位盡職。國家若是無道，就收斂光芒隱藏行蹤不過問政治，因此也就常常是柔順的，不和別人衝突，所以稱之為君子。

　　朱熹《論語集注》：史，官名。魚，衛國大夫，名字叫鰌。如矢，是說他耿直。史魚認為自己不能使賢人得到任用，使庸人得到罷免，死後還用屍體進諫，所以孔子稱讚他耿直。事蹟記載於《孔子家語》。伯玉的出仕和隱居都合乎聖人的行事方式，所以說他是君子。卷，收斂。懷，藏起。比如孫林父和寧殖要驅逐和謀殺君主的陰謀，他不回答而離開，就是這類表現。楊時說：「史魚的耿直，不完全是君子的處事方式。像蘧伯玉這樣，才可能在亂世避免受害。像史魚耿直得像一枝箭，就是想收斂藏起，也做不到啊。」

　　《詩經・大雅・烝民》：既明且哲，以保其身。夙夜匪解，以事一人。

孔穎達正義：（仲山甫）既能明曉善惡，且又是非辨知。以此明哲，擇安去危而保全其身，不有禍敗。又能早起夜臥，非有懈倦之時，以常尊事此一人之宣王也。

《詩經・大雅・烝民》：又明察又智慧，保全了自身。日夜謹慎而不懈怠，來侍候那一個人。

孔穎達正義：（仲山甫）既能明白地察知善惡，又能辨別是非曲直。用這樣的聰明智慧，選擇安全遠離危險保全自身，就不會遭遇災禍和失敗。又能從早到晚，沒有懈怠的時候，始終不渝尊崇和事奉周宣王這一個人。

《中庸》：是故居上不驕，為下不倍。國有道，其言足以興國。無道，其默足以容。《詩》曰：「既明且哲，以保其身。」其此之謂與。

孔穎達正義：此一節明賢人學至誠之道，中庸之行。若國有道之時，盡竭知謀，其言足以興成其國。興，謂發謀出慮。國無道，其默足以容。若無道之時，則韜光潛默，足以自容其身，免於禍害。《詩》云：「既明且哲，以保其身。」此《大雅・烝民》之篇，美宣王之詩。言宣王任用仲山甫，能顯明其事任，且又哲知保安，全其己身。言中庸之人，亦能如此。故云，其此之謂與。

《中庸》：所以處於上位不驕傲，處於下位不背叛。國家有道，他的言論足以振興國家。國家無道，他的沉默足以安身。《詩經》說：「又明察又智慧，保全了自身。」說的就是這個道理吧。

孔穎達正義：這一節說明賢人學習極端誠實的道理，中庸的行為。若是國家有道的時期，充分發揮智慧謀略，他的言論足以振興和成就他的國家。興，指出謀劃策。國家無道，他的沉默足以安身。若

是無道的時期，就收斂光芒，潛伏沉默，足以保證自身安全，免遭禍
災。《詩經》說：「又明察又智慧，保全了自身。」這是《大雅・烝
民》篇的詩句，讚美周宣王的詩篇。說的是宣王任用的仲山甫，能明
確自己的職責，並且又智慧聰明保證安全，使自身不受危害。說的是
有中庸德行的人，也能這樣。所以說，說的就是這個道理吧。

　　嗚呼！以遷之博物洽聞，而不能以知自全。既陷極刑，幽而發
憤，書亦信矣。跡其所以自傷悼，〈小雅・巷伯〉之倫。夫唯〈大雅〉
「既明且哲，能保其身」，難矣哉！

　　　　　　　　　　　　　　　　——班固《漢書・司馬遷傳贊》

　　唉！像司馬遷這樣的知識淵博，卻不能用智慧保全自身。以致被
判處最嚴厲的刑罰，暗自發憤，他的書是可靠的。考察他自我傷感的
那些事，是〈小雅・巷伯〉篇中被誣陷的那種人。至於像〈大雅〉
「又明察又智慧，保全了自身」，就難以做到了。

　　臣光曰：夫生之有死，譬猶夜旦之必然。自古及今，固未有超然
而獨存者也。以子房之明辨達理，足以知神仙之為虛詭矣。然其欲從
赤松子游者，其智可知也。夫功名之際，人臣之所難處。如高帝所稱
者，三傑而已。淮陰誅夷，蕭何繫獄，非以履盛滿而不止耶。故子房
托於神仙，遺棄人間。等功名於外物，置榮利而不顧。所謂明哲保身
者，子房有焉。

　　　　　　　　　　　　　　　　——司馬光《資治通鑒》卷十一

　　臣司馬光說：有生有死，就像黑夜和白天一樣的必然。從古到
今，沒有一個能超脫生死存活下來的人。像張良這樣的明智達理，完

全能夠知道神仙是虛妄怪誕的事。這樣，他要像赤松子那樣（去追求得道成仙），他的智慧也就可以知道了。在功勞和名利的關頭，作為臣子是最難處理好的。被漢高祖所稱讚的，三位傑出者罷了。淮陰王韓信被殺，丞相蕭何被下獄，難道不是他們功德圓滿卻還不停止嗎？所以張良托身神仙，拋棄人間的事情。把功名等同於身外之物，拋棄榮華利益而不可惜。所謂明哲保身的人，就是張良這樣的啊。

　　臣光曰：天下有道，君子揚於王庭，以正小人之罪，而莫敢不服。天下無道，君子囊括不言，以避小人之禍，而猶或不免。黨人生昏亂之世，不在其位，四海橫流，而欲以口舌救之。臧否人物，激濁揚清，撩虺蛇之頭，踐虎狼之尾，以至身被淫刑，禍及朋友，士類殲滅，而國隨以亡，不亦悲乎。夫唯郭泰，既明且哲，以保其身。申屠蟠見幾而作，不俟終日。卓乎其不可及已。

　　　　　　　　　　　　——司馬光《資治通鑒》卷五十六

　　臣司馬光說：天下有道，君子公開在朝廷上發表言論，來指斥小人的罪惡，沒有敢不服氣的。天下無道，君子守口如瓶不說話，以躲避小人的災禍，可能還躲不過去。（東漢時期）的「黨人」們生活在混亂的世道，又沒有相當的職位，壞事像洪水氾濫，卻想用嘴巴來挽救。評論人物是非，批評壞人讚揚好人，撩撥毒蛇的頭，踐踏虎狼的尾巴，以至於自身遭受酷刑，災禍連累朋友，士人們被消滅，國家也隨後滅亡，不是件可悲的事嗎？只有郭泰，又聰明又智慧，保全了自己。申屠蟠看到苗頭就立即行動，不等待第二天。出類拔萃，是別人趕不上的啊。

　　荀爽從董卓辟。遜跡避禍，君子亦有之。然聖人明哲保身，亦不

至轉身不得處。如揚子投閣，失之也。荀爽自度其材能興漢室乎，起
而圖之可也。知不足而強圖之，非也。

──程頤《二程遺書》卷二十四

荀爽答應董卓的委任。收斂痕跡躲避災禍，君子也有這樣的事。
然而聖人聰明智慧保全自身，也不至於弄到沒有退路。像揚雄跳樓，
就是失策。荀爽自我考量他的才幹能夠復興漢朝呢，奮起爭取是可以
的。知道不能還要勉強去做，就錯了。

至於箕子為微子之計，則其意豈不以謂吾二人者，皆宗國之臣，
利害休戚，事體一同。皆當與社稷俱為存亡，不可復顧明哲保身之義。

──《朱子語類》卷五十一

至於箕子為微子著想，那他的意思豈不是認為我們二人，都是宗
主國商朝的臣子，利害苦樂，是一樣的。都應當和國家生死與共，不
應當掛念明哲保身的道理。

「既明且哲，以保其身。」曰：「只是上文『肅肅王命，仲山甫
將之邦國。若否，仲山甫明之』，便是明哲。所謂明哲者，只是曉天
下事理，順理而行，自然災害不及其身，可以保其祿位。今人以邪心
讀《詩》，謂明哲是見幾知微，先去佔取便宜。如揚子雲說『明哲煌
煌，旁燭無疆。遜於不虞，以保天命』，便是佔便宜底說話。所以他
一生被這幾句誤。然明哲保身，亦只是常法。若到那捨生取義處，又
不如此論。」

──《朱子語類》卷八十一

「又明察又智慧，來保全自身。」答：「這只是上文『接受宣王嚴厲的命令，仲山甫將要出使到諸侯的國家。（這些國家的）是非善惡，仲山甫會弄明白的』，就是明察和智慧。所謂明察和智慧，只是明白天下的事理，按道理行事，自然災禍落不到自己頭上，可以保全自己的地位。現在人用邪心來讀《詩經》，說明察智慧是見到苗頭知道徵兆，搶先行動可以得到便宜。像揚雄說『明察和智慧的光芒，可以把身旁的一切照亮。躲避意外，來保全天命』，就是佔便宜的意思。所以他一生就被這幾句話誤導了。然而明哲保身，只是一般的辦法。如果到那應該捨生取義的生死關頭，就不能這樣說。」

第三節　求仁得仁，見義勇為

儒學主張在義不容辭的時候，應該見義勇為。為成就仁德，而不惜犧牲，甚至犧牲生命。這一條，是古代仁人志士的格言。這裡的仁德，往往指對於自己君主和民族的忠誠。這樣一種道德具有普遍意義，所以即使刀兵相見的敵對雙方，也會尊重對方的忠誠者。當年蔣介石在給自己將領的佩劍上刻下「不成功便成仁」，也是要求他們忠誠的意思。現在我們也要求忠誠。忠誠於人民，忠誠於國家和民族。

《論語・述而》：冉有曰：「夫子為衛君乎？」子貢曰：「諾，吾將問之。」入曰：「伯夷、叔齊何人也？」曰：「古之賢人也。」曰：「怨乎？」曰：「求仁而得仁，又何怨。」出曰：「夫子不為也。」

邢昺疏：此章記孔子崇仁讓也。「冉有曰夫子為衛君乎」者，為，猶助也。衛君，謂出公輒也。衛靈公逐太子蒯聵。公薨，而立孫輒。輒即蒯聵之子也。後晉趙鞅納蒯聵於戚城，衛石曼姑帥師圍之。子而拒父，惡行之甚。時孔子在衛，為輒所賓禮。人疑孔子助輒，故

冉有言問其友曰，夫子之意助輒不乎。「子貢曰諾吾將問之」者，子貢承冉有之問，其意亦未決，故諾其言，我將入問夫子，庶知其助不也。「入曰伯夷叔齊何人也」者，此子貢問孔子辭也。伯夷、叔齊，孤竹君之二子。兄弟讓國遠去，終於餓死。今衛乃父子爭國，爭讓正反，所以舉夷、齊為問者，子貢意言，夫子若不助衛君，應言夷、齊為是。夫子若助衛君，應言夷、齊為非。故入問曰，伯夷、叔齊何人也。「曰古之賢人也」者，孔子答言，是古之讓國之賢人也。「曰怨乎」者，此子貢復問曰，夷、齊初雖有讓國之賢，而終於餓死，得無怨恨耶。所以復問此者，子貢意言，若夫子不助衛君，應言不怨。若助衛君，則應言有怨也。「曰求仁而得仁又何怨」者，此孔子答言不怨也。初心讓國，求為仁也。君子殺身以成仁。夷、齊雖終於餓死，得成於仁，豈有怨乎。故曰「又何怨」。「出曰夫子不為也」者，子貢既問而出，見冉有而告之曰，夫子不助衛君也。知其父子爭國，惡行也。孔子以伯夷、叔齊為賢且仁，故知不助衛君明矣。

　　朱熹《論語集注》：伯夷、叔齊，孤竹君之二子。其父將死，遺命立叔齊。父卒，叔齊遜伯夷。伯夷曰，父命也。遂逃去。叔齊亦不立而逃之。國人立其中子。其後武王伐紂，夷、齊扣馬而諫。武王滅商，夷、齊恥食周粟，去隱於首陽山，遂餓而死。怨，猶悔也。君子居是邦，不非其大夫，況其君乎。故子貢不斥衛君，而以夷、齊為問。夫子告之如此，則其不為衛君可知矣。蓋伯夷以父命為尊，叔齊以天倫為重。其遜國也，皆求所以合乎天理之正，而即乎人心之安。既而各得其志焉，則視棄其國猶敝蹝爾，何怨之有。若衛輒之據國拒父，而唯恐失之，其不可同年而語，明矣。

　　《論語‧述而》：冉有問：「夫子支持衛國君主嗎？」子貢說：「好，我去問問。」進去見孔子，問：「伯夷、叔齊是什麼人啊？」

答：「古代的賢人啊。」問：「他們後悔嗎？」答：「追求仁又得到了仁，有什麼後悔的。」子貢出來，對冉有說：「夫子不支持衛國君主。」

邢昺疏：這一章記錄孔子崇尚仁德和禮讓的事。「冉有曰夫子為衛君乎」的意思，為，也就是幫助。衛君，指衛出公蒯輒。衛靈公驅逐太子蒯聵。靈公死，遺囑讓孫子蒯輒繼位。蒯輒就是蒯聵的兒子。後來晉國的趙鞅接納了蒯聵，讓他住在戚城，衛國的石曼姑率兵包圍了戚城。兒子拒絕父親，是嚴重的惡行。這時孔子在衛國，作為蒯輒的客人受到優待。人們懷疑孔子會幫助蒯輒，所以冉有有話問自己的同學說，夫子是否有意幫助衛國的君主。「子貢曰諾吾將問之」的意思是，子貢聽到冉有的疑問，自己也不敢確定，所以就答應說，我要去問問夫子，以便知道他是否幫助衛國君主。「入曰伯夷叔齊何人也」的意思，這是子貢問孔子的話。伯夷、叔齊，是孤竹國君主的兒子。兄弟們推讓君位遠離國家，終於餓死。現在衛國的父子爭奪國家，爭奪和禮讓正相反，之所以拿伯夷、叔齊的事作為問題，子貢的意思是說，夫子如果不幫助衛國君主，應會說伯夷、叔齊是正確的。夫子如果幫助衛國君主，應會說伯夷、叔齊是錯誤的。所以進去詢問說，伯夷、叔齊是什麼人。「曰古之賢人也」這句話，是孔子回答說，他們是古代推讓國家的賢人。「曰怨乎」這句話，是子貢又問道，伯夷、叔齊雖然起初有推讓國家的善行，但是終於餓死，能夠不悔恨嗎？又這麼問的原因，子貢的意思是，如果夫子不幫助衛國君主，應該說不後悔。如果幫助衛國君主，就會說他們後悔。「曰求仁而得仁又何怨」這句話，是孔子回答說不後悔。當初有心推讓國家，追求的就是仁德。君子有犧牲生命來成就仁德的。伯夷、叔齊雖然餓死，能夠成就仁德，怎麼會後悔呢。所以說「有什麼後悔的」。「出曰夫子不為也」的意思是，子貢已經問過後出來，見到冉有就告訴他

說，夫子不幫助衛國君主。知道他們父子爭奪國家，是醜惡的行為。孔子的伯夷、叔齊作為賢人而且有仁德，所以知道他不會幫助衛國君主。

朱熹《論語集注》：伯夷、叔齊，孤竹國君主的兩個兒子。他們的父親臨死時，遺囑讓叔齊做君主。父親死後，叔齊要讓給伯夷。伯夷說，這是父親的命令。於是就逃走了。叔齊不做君主，也逃走了。臣子們就擁立了中間那個兒子。後來周武王討伐紂王，伯夷、叔齊攔住馬頭批評武王。周武王消滅了商朝，伯夷、叔齊恥於吃周朝的糧食，跑到首陽山隱居，後來就餓死了。怨恨和後悔同義。君子住在這個國家，不批評人家的大夫，何況君主。所以子貢不斥責衛國君主，而用伯夷、叔齊的事來提問。夫子這樣告訴他，夫子不支持衛國君主的也就明白了。那伯夷認為父親的命令是應該尊重的，叔齊認為天賦的人倫是重要的。他們推讓國家，都是追求怎樣合乎天理的正道，並且貼近人心的安寧。後來就各自實現了自己的志向，那麼看待失去君主的位置就像拋棄一雙破舊的鞋子，有什麼後悔的。像衛輒佔據君位拒絕父親，唯恐失去，那是不可以相提並論的，是顯而易見的。

《論語・衛靈公》：子曰：「志士仁人，無求生以害仁，有殺身以成仁。」

邢昺疏：此章言志善之士，仁愛之人，無求生而害仁。若身死而後成仁，則志士仁人不愛其身，有殺其身以成其仁者也。若伯夷、叔齊及比干是也。

朱熹《論語集注》：志士，有志之士。仁人，則成德之人也。理當死而求生，則於其心有不安矣，是害其心之德也。當死而死，則心安而德全矣。程子曰：「實理得之，於心自別。實理者，實見得是，實見得非也。古人有捐軀殞命者。若不實見得，惡能如此。須是實見

得生不重於義，生不安於死也，故有殺身以成仁者，只是成就一個是而已。

《論語‧衛靈公》：孔子說：「志士仁人，沒有為了活命而損害仁德的，有犧牲生命來成就仁德的。」

邢昺疏：這一章說的是有志於向善之士，有仁愛心腸的人，沒有為了活命而損害仁德的。如果失去生命而後成就了仁德，那麼志士仁人就不吝惜自己的生命，有犧牲生命來成就仁德的。像伯夷、叔齊和比干等就是這樣的人。

朱熹《論語集注》：志士，有志向的士人。仁人，成就了德行的人。按理應該死去卻請求活命，自己的心就不會安寧，是危害了自己心裡的德行。應當去死的時候就死，就心裡安寧，德行保全。程子說：「真實的理得到了，心裡自然能夠辨別。真實的理，就是真正認識到這是對的，那是錯的。古人有拋棄生命（成就仁德的）。如果不是真正認識到，怎麼能夠如此。必須是真正認識到生命沒有大義重要，活著不如死去安寧，所以才有犧牲生命來成就仁德的，也只是成就一個『對』罷了。」

《論語‧為政》：子曰：「非其鬼而祭之，諂也。見義不為，無勇也。」

邢昺疏：此章言祭必己親，勇必為義也。「非其鬼而祭之諂也」者，人神曰鬼。言若非己祖考而輒祭他鬼者，是諂媚求福也。「見義不為無勇也」者，義，宜也。言義所宜為而不能為者，是無勇之人也。

朱熹《論語集注》：「非其鬼」，謂非其所當祭之鬼。諂，求媚也。知而不為，是無勇也。

　　《論語・為政》：孔子說：「不是自家的鬼而去祭祀，就是諂媚。見到正義的事不去做，是沒有勇氣。」

　　邢昺疏：這一章講，祭祀的必須是自己的親屬，勇氣必須是為了正義。「非其鬼而祭之諂也」說的是，人死後的精神叫作鬼。說如果不是自己的祖宗、父母卻祭祀別的鬼，是諂媚求福的行為。「見義不為無勇也」說的是，義，就是恰當。說正義的事應該去做卻不能做，是沒有勇氣的人。

　　朱熹《論語集注》：「非其鬼」，指不是自家應當祭祀的鬼。諂，想去討好。知道而不去做，是沒有勇氣。

　　修始在滁州，號「醉翁」，晚更號「六一居士」。天資剛勁，見義勇為，雖機阱在前觸發之不顧。放逐流離，至於再三，志氣自若也。方貶夷陵時，無以自遣，因取舊案反覆觀之。見其枉直乖錯，不可勝數。於是仰天歎曰：「以荒遠小邑且如此，天下固可知。」自爾遇事不敢忽也。學者求見，所與言未嘗及文章，惟談吏事。謂文章止於潤身，政事可以及物。

　　　　　　　　　　　　　　　　　　　　——《宋史・歐陽修傳》

　　歐陽修在滁州的時候，稱號是「醉翁」，晚年改稱「六一居士」。天資剛強，見義勇為，即使刀箭迎面一觸即發也在所不顧。被流放驅逐，再二再三，總是志氣高昂，泰然自若。剛貶夷陵的時候，沒有可以消遣的，就拿來過去的案卷反覆閱讀。發現的冤假錯案，不可勝數。於是仰天歎道：「像這樣偏僻的小鎮尚且如此，其他地方也就可想而知了。」從此以後遇事就不敢馬虎。學者們求見，不談論如何寫文章，只談政務。認為文章可以滋潤自己，政務可以滋潤別人。

　　注：歐陽修，北宋著名儒者。

第四節　以正道求富貴

　　儒學不否認求富，但認為應該通過正當途徑。由於種種原因，通過正當途徑而得不到富貴，那就寧可貧賤。這是儒學提倡安貧樂道的意義，不是叫人從頭到尾就不要去追求富貴。對於那些不是通過正當途徑得到的富貴，孔子是鄙視的，我們今天也應該鄙視這樣的人和事。

　　《論語・里仁》：子曰：「富與貴，是人之所欲也。不以其道得之，不處也。貧與賤，是人之所惡也。不以其道得之，不去也。」

　　皇侃疏：云「富與貴是人之所欲也」者，富者財多，貴者位高。位高則為他所崇敬，財多則為他所愛。夫人生則莫不貪欲此二事，故云是人所欲也。云「不以其道得之不處也」者，然二途雖是人所貪欲，要當取之以道，則為可居。若不用道理而得，則不可處也。云「貧與賤是人之所惡也」者，乏財曰貧，無位曰賤。賤則為人所欺陵，貧則身困凍餒。此二事者為人所憎惡，故云是人之所惡也。云「不以其道得之不去也」者，若依道理，則有道者宜富貴，無道者宜貧賤，則是理之常道也。今若有道而身反貧賤，此是不以其道而得也。雖非我道而招此貧賤，而亦安之若命，不可除去。

　　陳祥道《論語全解》：富與貴，人之所欲。不以君子之道得之，則不處，以其有義也。貧與賤，人之所惡，不以小人之道得之，則不去，以其有命也。君子有可以得富貴之道，以非得富貴之道而得之，君子不以為榮。小人有可以得貧賤之道，以非得貧賤之道而得之，君子不以為辱。故非其義，祿之以天下，而伊尹不顧。非其功，位之以三旌，而屠羊不受。簞瓢陋巷不足以病顏回，桑樞甕牖不足以病原思。凡此富貴不能淫，貧賤不能移者也。

朱熹《論語集注》:「不以其道得之」,謂不當得而得之。然於富貴則不處,於貧賤則不去,君子之審富貴而安貧賤也如此。

《論語‧里仁》:孔子說:「富足與高貴,是人都想要的。不是正確的方式獲得,就不要。貧困與低賤,是人都討厭的,不是應得的方式得到,不辭去。」

皇侃疏:說「富與貴是人之所欲也」這話,富足是財產多,高貴是地位高。地位高就會被人尊敬,財產多就會被人喜歡。所以人生一世沒有不貪圖這兩件東西的,所以說是人都想要的。說「不以其道得之不處也」的意思,雖然這兩件都是人所貪圖的,重要的是要取之有道,才可以佔有。如果不用正確的方式獲得,就不可佔有。說「貧與賤是人之所惡也」的意思,缺乏財產叫貧,沒有地位叫賤。低賤就被人欺凌,貧窮就遭受饑寒。這兩件事是人都憎惡的,所以說是人都討厭的。說「不以其道得之不去也」的意思,如果按照道理,有道的人應該富貴,無道的人應該貧賤,這是正常的道理。現在有道的反而貧賤,這就不是應得的方式得到的。雖然不是我的道所招來的貧賤,但也安於這樣的地位就像應該一樣,不可逃避。

陳祥道《論語全解》:富足與高貴,人都想要。不用君子的處事方式得到,就不佔有,因為這裡有正義與否的問題。貧困和低賤,人都討厭,不是因為小人的處事方式得到了,就不逃避,因為這裡有命運存在。君子有可以獲得富貴的方式,用不是獲得富足的方式得到了富貴,君子不認為是榮耀。小人有應該得到貧賤的行事方式,用不應得到貧賤的方式得到了貧賤,君子不認為是屈辱。所以不是應得的,把整個天下都作為他的俸祿,伊尹也不要。不是自己的功勞,給三公那樣的高位,屠羊說也不接受。簞食瓢飲陋巷,不能夠讓顏回愁苦;桑條編的門,破瓦罐口做窗戶,不能夠讓原憲愁苦。所有這些都是富貴不變心,貧賤不降志的人。

朱熹《論語集注》：「不以其道得之」，指不應當得到而得到的。然而對於富貴就不佔據，對於貧賤則不逃避，君子的謹慎於富貴而安心於貧賤就是這樣的。

《論語・述而》：子曰：「飯疏食，飲水，曲肱而枕之，樂亦在其中矣。不義而富且貴，於我如浮雲。」

邢昺疏：此章記孔子樂道而賤不義也。「子曰飯疏食飲水曲肱而枕之樂亦在其中矣」者，疏食，菜食也。肱，臂也。言己飯菜食，飲水。寢則曲肱而枕之，以此為樂。「不義而富且貴於我如浮雲」者，富與貴，雖人之所欲，若富貴而以不義者，於我如浮雲。言非己之有也。

陳祥道《論語全解》：貧與賤，人之所惡。不以其道得之，不去也。故飯疏飲水，曲肱而枕，樂亦在其中。富與貴，人之所欲，不以其道得之，不處也。故不義富貴，於我如浮雲。

朱熹《論語集注》：飯，食之也。疏食，粗飯也。聖人之心，渾然天理。雖處困極，而樂亦無不在焉。其視不義之富貴，如浮雲之無有，漠然無所動於其中也。程子曰：「非樂疏食飲水也，雖疏食飲水不能改其樂也。不義之富貴，視之輕如浮雲。」然又曰：「須知所樂者何事。」

《論語・述而》：孔子說：「吃粗飯，喝白水，彎起胳膊當枕頭，其中也有我的快樂。違背正義而富足和高貴，對於我像天上飄的雲彩一樣。」

邢昺疏：這一章記錄孔子以道為樂而輕視非正義。「子曰飯疏食飲水曲肱而枕之樂亦在其中矣」這句話，疏食，指沒有肉食的飯。肱，就是臂膊。說自己吃沒有肉的食物，喝白水。睡覺時彎起胳膊當枕頭，以此為樂。「不義而富且貴於我如浮雲」這句話，富足和高

貴，雖然是人們想要的，但是富貴如果是用不義的手段得到的，對於我就像天上飄的雲彩。意思是，這不是自己所擁有的。

陳祥道《論語全解》：貧困與低賤，是人所討厭的。不是應得之道而得到了，不逃避。所以吃粗飯，喝白水，彎起胳膊當枕頭，快樂就在其中。富足與高貴，人都想要，不用正道得到它，就不佔據。所以違背正義的富貴，對於我像天上飄的雲彩。

朱熹《論語集注》：飯，吃的意思。疏食，粗飯。聖人的心，完全是天理。雖然處境困難到極點，那快樂仍然是無處不在。他看待違背正義的富貴，像天上飄的雲彩一樣不存在，漠然無動於衷。程頤說：「不是喜歡吃粗食喝白水，而是雖然吃粗飯喝白水也不能改變自己的快樂。用不義手段得到的富貴，輕視它就像天上飄的雲彩。」然後又說：「必須知道所快樂的是什麼事。」

《論語・述而》：子曰：「富而可求也，雖執鞭之士，吾亦為之。如不可求，從吾所好。」

皇侃疏：云「子曰云云」者，孔子意云，夫富貴貧賤，皆稟天之命，不可苟且求。若可求而得者，雖假今執鞭賤職，而吾亦為之，則不辭矣。……云「如不可求者從吾所好」者，既不可求，則當隨我性所好。我性所好者，古人之道也。

朱熹《論語集注》：執鞭，賤者之事。設言富若可求，則雖身為賤役以求之，亦所不辭。然有命焉，非求之可得也，則安於義理而已矣，何必徒取辱哉。蘇氏曰：「聖人未嘗有意於求富也，豈問其可不可哉。為此語者，特以明其決不可求爾。」楊氏曰：「君子非惡富貴而不求，以其在天，無可求之道也。」

《論語・述而》：孔子說：「富足假如是可以求得的，即使給人駕

車這樣的事，我也會去做。如果不可以求得，就順從我的愛好。」

皇侃疏：「子曰等等」，孔子的意思是，富貴還是貧賤，都要稟受天命，不可以隨便追求。假如可以追求得到，即使今天為人駕車那樣的低賤職業，我也會去做，不去推辭。……說「如不可求者從吾所好」，既然不可以通過追求得到，那就順從我性情的愛好。我性情所愛好的，是古人的道。

朱熹《論語集注》：執鞭，低賤者的職業。假設說富足是可以求得的，即使從事低賤的職業來追求，也不推辭。但這是有天命的，不是追求可以得到的，那麼就安心於義理就可以了，何必自尋煩惱呢。蘇軾說：「聖人未必有意去追求富足，哪裡會關心可以還是不可以呢。講這話的意思是，特意要說明是絕不可以通過追求得到的。」楊時說：「君子不是討厭富貴而不去追求，因為這是由上天掌握的，沒有可以追求的道理。」

第五節　達則兼濟天下，窮則獨善其身

達，指高尚的社會地位；窮，指低賤的社會地位。《周易》上說，「君子之大寶曰位」，就是說，社會地位是君子最大的寶貝，因為它是君子推行自己社會主張的必要條件。所謂兼濟天下，就是推行自己的治國主張使國家和社會普遍受益。如果沒有適當的地位，則應該安分守己，做一個好人。這是儒學的基本主張，也是維護社會安定的主張。

古之人得志澤加於民，不得志，修身見於世。窮則獨善其身，達則兼善天下。

——《孟子・盡心》

　　古代的人志向得以實現就把恩惠帶給人民，志向得不到實現，就修養自己來面對社會。不能做官就獨自向善，能夠做官就同時讓民眾向善。

　　秦昭王問孫卿曰：「儒無益於人之國。」孫卿子曰：「儒者法先王，隆禮義，謹乎臣子而致貴其上者也。人主用之，則勢在本朝而宜；不用，則退編百姓而慤，必為順下矣。雖窮困凍餧，必不以邪道為。貧無置錐之地，而明於持社稷之大義。嗚呼，而莫之能應，然而通乎財萬物，養百姓之經紀。勢在人上，則王公之材也。在人下，則社稷之臣，國君之寶也。雖隱於窮閻漏屋，人莫不貴之，道誠存也。」

　　　　　　　　　　　　　　　　　　　——《荀子·儒效》

　　秦昭王問荀子：「儒者對國家沒有用處。」荀子說：「儒者效法先王，重視禮義，謹慎地履行臣子的職責，一心讓君主尊貴。君主假如任用他們，他們就用自己的權力把事情處理得妥妥當當；不任用，他們就安心做一個普通百姓老實勤懇，一定是十分順從的下屬。即使窮困到饑寒交迫，也一定不會走歪門邪道。貧困到沒有一寸自己的土地，卻能明白治理國家的大義。他慨歎自己的才能無人賞識，但是通曉治理國家、養育百姓的基本原則。他們的權勢假如在別人之上，就是王公這樣的人才。在別人下面，就是國家忠實的臣子，君主的寶貝。即使他隱居在窮鄉破屋，沒有人不尊重他，因為道在他那裡。」

　　夫君子之出，以行道也；其處，以獨善其身也。

　　　　　　　　　　　　——柳宗元〈送婁圖南秀才游淮南序〉

　　君子出來做官，要實行自己的道；不出來做官，要獨自使自身向善。

古人云：「窮則獨善其身，達則兼濟天下。」僕雖不肖，常師此語。大丈夫所守者道，所待者時。時之來也，為雲龍，為風鵬，勃然突然，陳力以出；時之不來也，為霧豹，為冥鴻，寂兮寥兮，奉身而退。進退出處，何往而不自得哉。故僕志在兼濟，行在獨善。奉而始終之，則為道；言而發明之，則為詩。謂之諷諭詩，兼濟之志也；謂之閒適詩，獨善之義也。故覽僕詩，知僕之道焉。

—— 白居易〈與元九書〉

古人說：「不能做官就獨自向善，能夠做官就同時幫助天下。」我雖然笨拙，但總是以這話為指導。大丈夫所堅守的，是道；所等待的，是時機。時機到來，就是雲中的蛟龍，乘風的大鵬，勃然興起，突然出現，攢足了才能，出現在世人面前；時機沒有到來，就是雨霧中的虎豹，黑暗中的天鵝，沉默不語，隱退保身。上進或隱退，出仕或不出仕，哪裡會不悠然自得呢。所以我的志向在造福民眾，行動在自身向善。始終奉行這樣的主張，就是正道；通過言論表現出來，就是詩歌。稱之為諷喻詩，表現了我造福民眾的志向；稱之為閒適詩，表現了我獨自向善的行為。所以看了我的詩，就知道了我的道。

注：白居易，唐代詩人，儒者，晚年皈依佛教。

予嘗求古仁人之心，或異二者之為。何哉？不以物喜，不以己悲。居廟堂之高，則憂其民；處江湖之遠，則憂其君。是進亦憂，退亦憂，然則何時而樂耶？其必曰：「先天下之憂而憂，後天下之樂而樂乎。」噫，微斯人，吾誰與歸。

—— 范仲淹〈岳陽樓記〉

我曾經探求過古時仁人的用心，和上面的兩種想法有所不同。為

什麼呢？不因外物而喜悅，也不為自身而悲傷。處於朝廷那樣的高位，就為民眾擔憂；被流放到偏僻的遠方，就替君主擔憂。這樣，高升提拔時他擔憂，降職罷免時他也擔憂，那麼，什麼時候他才能快樂呢？他一定會說：「在天下人擔憂之前就擔憂，在天下人快樂之後才快樂啊。」唉，沒有這樣的人，我追隨誰呢。

今容貌必端，言語必正者，非是道獨善其身，要人道如何，只是天理合如此。本無私意，只是個循理而已。

——《二程遺書》卷二上

現在容貌一定要端正，言語一定要嚴肅，不是說要獨自向善，要人家說自己怎麼樣，只是天理應該如此。根本不是個人的意見，只是在循順天理罷了。

窮則獨善其身，達則兼善天下者，大賢之分也。達則兼善天下，窮則兼善萬世者，聖人之分也。

——胡宏〈知言〉

不能做官就獨自向善，能夠做官就同時讓民眾向善，是大賢人份內的事。能夠做官就同時讓民眾向善，不能做官就讓千萬代共同向善，是聖人份內的事。

注：胡宏，南宋重要儒者。

凡人為學，便當以明明德、新民、止於至善，及明明德於天下為事。不成只要獨善其身便了，須是志於天下，所謂志伊尹之所志，學顏子之所學也。所以《大學》第二句便說「在新民」。

——《朱子語類》卷十四

　　所有的人學習儒學，都應該把發揚光明的德行，使民眾棄舊圖新，達到最高的善行，以及在普天下發揚光明的德行作為自己的目標。不應該只是獨自向善就行了，應該是把志向定位在整個天下，也就是所說的樹立伊尹那樣的志向，效法顏回那樣的學習目的。所以《大學》第二句就說「在於使民眾棄舊圖新」。

　　注：伊尹，商湯的宰相，幫助商湯推翻了夏朝的統治，建立了商朝。

　　如今日計，但當窮理修身，學取聖賢事業，使窮而有以獨善其身，達而有以兼善天下，則庶幾不枉為一世人耳。

——朱熹〈答陳同甫〉

　　像今天的打算，只應當徹底探索事物的道理，修養自身，學得聖賢的事業，使不能做官時可以獨自向善，能夠做官時可以同時使天下人向善，就差不多不白活一生了。

　　正惟寶此善者，常以剛而防其柔耳。剛則利害不足以動，必無計較心以搖此善。剛則權位不足以滯，必無持固心以違此善。剛則財貨不足以汙，必無封殖心而戕此善。窮則以其善而獨善其身，達則以其善而兼善天下。卓然天地間，常為大丈夫。雖蟬聯赫奕，鐘鼎相輝，視之直不過大空一浮雲，而何至寶非其所當寶哉。

——黃震〈寶善堂記〉

　　正是要把這個善當作寶貝，就要經常用剛強來防止柔弱。剛強，利害就不能夠使他動搖，必定沒有計較的心腸來動搖這個善。剛強，權位就不能夠留住他，必定沒有保官位的心來違背這個善。剛強，財

富就不能夠污染他，必定沒有積累金錢的心來危害這個善。不能做官就用這個善來獨自向善，能夠做官就用這個善同時使民眾一起向善。樹立起高大的形象，永遠是真正的英雄。雖然官位顯赫，歌舞響亮，看它只不過像天上飄的一塊雲彩，又何至於寶貴那不該寶貴的東西呢。

　　然志在我，命在天，而用不用在時。窮則獨善其身，達則兼善天下。一唯安其所遇，斯可耳。夫子曰：「志於道。」孟子言：「士尚志。」亦惟仁義焉是求。愚願清伯惟求其在我。以聽之。
　　　　　　　　　　　——黃震〈跋臨川張清伯求志齋記〉

　　然而志向在我，命運在天，而能不能應用在時機。不能做官就獨自向善，能夠做官就同時使天下民眾都向善。一切只是安於時機，就可以了。孔子說：「志向在道。」孟子說：「士人崇尚志向。」也都是只把仁義作為追求的目標。我希望清伯只追求自己能夠把握的。請把這話放在心上。

　　莊子曰，道之真以治身，其緒餘土苴以治天下國家。曰，是不然。《禮記》曰，誠者非獨成己也，將以成物也。我之所得者，不能盡推於人，非聖人之道也。但行之一身，有先後耳。孟子曰：「窮則獨善其身，達則兼善天下。」方其窮也，獨善一身之道，乃兼善天下之道。及其達也，兼善天下之道，乃獨善一身之道也。施於一身，而非有餘也。施於天下，而非不足也，是之謂聖人之道。學聖人者，不能以孔子孟子為心，而專以莊周為我之書為說，烏在其學聖人也。
　　　　　　　　　　　——呂本中《童蒙訓》卷下

　　莊子說，道的真諦用來修養自身，道的糟粕渣滓用來治理天下國

家。我認為，這是不對的。《禮記》上說，誠信不僅是用來成就自己的，也要成就別人的。我所得到的學問，如果不能全部推廣給別人，就不是聖人的道。只是在自身實行起來有先後罷了。孟子說：「不做官就獨自向善，做了官就同時讓天下人都向善。」當他不能做官的時候，實行獨自向善的做法，也就是讓天下人都向善的做法。等到他做官的時候，同時使天下人都實行向善的做法，也就是實行獨自向善的做法。在自己身上實行，沒有多餘的。在整個天下實行，也沒有不足的，這才是聖人的道。學習聖人的人，如果不能把孔孟的志向作為自己的志向，卻專門把莊周只為自身打算的書作為指導，怎麼能夠叫作學習聖人呢。

注：呂本中，南宋初年儒者。

第六節　愛恨分明，直道而行

儒學的仁德，不單是愛，也有恨。只是主張愛和恨都要正確。這一點和基督教標榜自己僅僅講愛不同。因為世界上有愛就必然有恨，只愛不恨的情況是沒有的，只愛不恨的主張也是虛偽的。問題僅僅在於愛什麼，恨什麼，如何愛，如何恨。在這個問題上，孔子主張直道而行，反對以德報怨，是實事求是的、正確的。我們今天也應該這樣主張。

《論語・憲問》：或曰以德報怨，何如？子曰：「何以報德？以直報怨，以德報德。」

皇侃疏：云「或曰云云」者，或人問孔子曰，彼與此有怨，而此人欲行德以報彼怨，其事理何如也。云「子曰何以報德」者，孔子不許也。言彼有怨而德以報彼，設彼有德於此，則又何以報之也。云

「以直云云」者，既不許以德報怨，故更答以此也。不許以德報怨，
言與我有怨者，我宜用直道報之。若與我有德者，我以備德報之也。
所以不以德報怨者，若行怨而德報者，則天下皆行怨以要德報之。如
此者，是取怨之道也。

　　朱熹《論語集注》：「或人」所稱，今見《老子》書。德，謂恩惠
也。言於其所怨，既以德報之矣。則人之有德於我者，又將何以報之
乎？於其所怨者，愛憎取捨，一以至公而無私，所謂直也。於其所德
者，則必以德報之，不可忘也。

　　「或人」之言，可謂厚矣。然以聖人之言觀之，則見其出於有意
之私，而怨德之報，皆不得其平也。必如夫子之言，然後二者之報，
各得其所。然怨有不讎，而德無不報，則又未嘗不厚也。此章之言，
明白簡約，而其指意曲折反覆，如造化之簡易易知，而微妙無窮。學
者所宜詳玩也。

　　《論語・憲問》：有人主張以德報怨，怎麼看？孔子說：「怎樣報
德？應該是以直報怨，以德報德。」

　　皇侃疏：說「或曰等等」，是有人問孔子說，他與我有怨恨，而
我想用恩惠去報答他帶給自己的怨恨，這樣的事情合理嗎？有人說
「子曰何以報德」，孔子是不贊成的。說他與我有怨恨卻用恩惠去報
答他，假若他對我有恩惠，那又應該如何報答呢。說「以直等等」的
意思，是說既然不贊成以德報怨，所以又這樣回答。不贊成以德報
怨，意思是與我有怨恨的，我應該用同樣的方式報答他。如果對我有
恩惠的，我就以恩惠報答他。不主張以德報怨的原因是，如果做了使
人怨恨的事卻要用恩惠去報答，那麼天下人就都會做那些使人怨恨的
事而且還要求用恩惠來報答。這樣做，是招致怨恨的做法。

　　朱熹《論語集注》：「或人」所說，現在《老子》書上有這樣的

話。德，指恩惠。意思是說，對於他所怨恨的，既然要以恩惠報答他。那麼別人有恩於我的，又該如何報答呢？對於自己所怨恨的，是愛是憎，是幫助還是損害，都應是完全的公正而沒有私心，這就是所說的直。對於給自己恩惠的，就必須用恩惠來報答，不可忘記。

「或人」的話，可算是厚道極了。但是如果用聖人的話來衡量，就可以發現這是出於有意的自私，並且使得怨恨和恩惠的報答，都得不到公正。必須像夫子所說的，然後怨和德的報答，就都各得其所。不過，怨恨可以不結仇，恩惠沒有不報答，那麼，這又未嘗不是厚道的做法。這一章的話，明白簡練，但意思卻深刻而曲折，就像造物主一樣的簡易並且容易知曉，但意思卻微妙沒有窮盡。學者值得認真詳細地進行玩味。

以德報怨，乃老氏語。出於有意之私，可謂特加厚於怨者矣。而德無物可報，不幾於薄乎。其言死定偏滯在一邊。若聖人之言，怨則以直報，德則以德報。二者各得其平，極是明白簡約，更無嶢欹勞攘。而其中旨意，卻反覆無窮。且如此人，舊於吾有怨，今適相值，有罪邪，隨其罪之如何而公斷之。果賢邪，亦薦之。果不肖邪，則絕之。設若不肖者後復能改而賢，則吾又薦之。一惟理之當然，而吾無容私焉，是之謂直。而於怨，固未嘗汲汲以圖報也。如此人，舊於吾有德，今適相值。果賢邪，吾固薦之以為報。若不肖邪，吾則權其輕重，使公義行於上，私恩伸於下，於德亦未嘗失其報也。此其言甚活樂圓轉，無所用而不通。所以為聖人之言歟。

　　——陳淳〈問以直報怨章〉，《北溪大全集》卷三十九

以德報怨，是老子的話。出於有意的私心，可算是特別地厚待製造怨恨的人。然而恩惠卻沒有什麼可報答的，這不就幾乎等於薄待了

嗎。這樣的言論死定偏執在一邊。像聖人說的，怨恨用直道報答，恩
惠用恩惠報答。二者都得到公正對待，非常的明白和簡單，再沒有攪
擾不清的。其中的含義，卻是深厚無窮。比如有個人，過去與我有怨
恨，現在恰好碰上了，有罪呢，就根據他罪行的輕重而公正判決。如
果賢能，也要推薦。如果品行不好，就不加理會。假如品行不好的後
來卻又能改過而變得賢能，我就又加以推薦。一切根據理是否應當，
我自己不夾雜個人私意，這叫作直。對於怨恨，我從來也不耿耿於懷
非要報復不可。假如有個人，過去對我有恩，現在又碰上了。假如果
然賢能，我當然要推薦他作為報答。如果品行不好，我就權衡輕重，
在公事方面實行公義，在私交方面報答私恩，對於恩惠也不會忘記報
答。這樣的話非常靈活通達，無論在什麼地方都不會不通，所以才是
聖人的言論。

　　《論語・里仁》：子曰：「惟仁者能好人，能惡人。」
　　皇侃疏：夫仁人不佞，故能言人之好惡。是能好人，能惡人也。
「雍也，仁而不佞」是也。
　　邢昺疏：此章言，惟有仁德者無私於物，故能審人之好惡也。
　　朱熹《論語集注》：惟之為言，獨也。蓋無私心，然後好惡當於
理，程子所謂得其公正是也。游氏曰：「好善而惡惡，天下之同情。
然人每失其正者，心有所繫而不能自克也。惟仁者無私心，所以能好
惡也。」

　　《論語・里仁》：孔子說：「只有仁者能喜好人，能厭惡人。」
　　皇侃疏：仁人不花言巧語，所以能夠評論人的好壞。這就是能喜
好人，能厭惡人。（孔子說）「冉雍，有仁德而不花言巧語」，就是這
樣的人。

　　邢昺疏：這一章說的是，只有有仁德的人面臨事物時能夠沒有私心，所以能辨別人的好壞。

　　朱熹《論語集注》：「惟」的意思，就是「獨有」。因為沒有私心，然後喜好和厭惡都合乎天理，也就是程子所說的處事公正。游酢說：「喜好善行，厭惡惡行，天下人都是一樣的。但是一般人往往失去公正，心裡有雜念牽制而不能自我克服。只有仁者沒有私心，所以能夠正確地喜好和厭惡。」

　　人人有好惡之性，而用之於人，或失其則矣。甚至好其所惡，惡其所好者有之。則以好惡出於我，而不公乎人故也。夫好惡既出於我而不公乎人，則好以天下而不謂之「能好」，惡以天下而不謂之「能惡」。必也仁者乎，仁者無我。無我之好，取人之當好而止；無我之惡，取人之當惡而止。兩人也，而並分其好惡，可；一人也，而時轉其好惡，亦可。如鑒之空，如衡之平。此非有見於萬物一體之原，而學以克己者，其孰能之。

　　　　　　　　　　　　　　　　　　——劉宗周《論語學案》卷二

　　人人都有喜好和厭惡什麼的本性，但用於對待人，就可能失去原則。甚至喜好他所厭惡的，厭惡他所喜好的。那是由於喜好和厭惡都是出於自己私意，而不是公共的意見。喜好和厭惡既然是出於我的私意而不是出於公共的意見，那麼即使把整個天下人的喜好作為自己的喜好也不能稱為「能好」，把整個天下人的厭惡作為自己的厭惡也不能稱為「能惡」。一定要是仁者啊，仁者是無我的。無我的喜好，採納別人應當喜好的為止；無我的厭惡，採納別人應當厭惡的為止。兩個人，平分這喜好和厭惡，可以；一個人，隨時轉變自己的喜好和厭惡，也可以。像鏡子的空白，像秤桿的平衡。這樣做，假如不是認識到萬物一體的本原，並且學習克制自己的，有誰能做到呢。

附錄一
儒學書籍和學校

　　《史記‧孔子世家》云：「孔子以詩書禮樂教弟子。」詩，就是《詩經》；書，就是《尚書》。禮、樂在當時是不是已經成書，不得而知。又說孔子周遊列國，拜訪各國君主，然而他們都不能任用孔子。於是孔子回到魯國，以整理古代文獻為己任，並且根據魯國的史記寫成了《春秋》。孔子死後，他的弟子們分散到各地。有的成為君主的導師或大臣。有的閉門著書，教授學生，傳播孔子的學說。秦始皇統一天下，認為讀書只會使人發空論擾亂人心，無益於政治，於是下令焚燒書籍。書籍只能由國家保存，私人不得擁有。後來項羽打到咸陽，又放火燒了秦朝的宮殿，國家收藏的圖書也被付之一炬。

　　漢朝建立不久，就廢除了私人不得藏書的禁令，並鼓勵民間獻書。漢武帝獨尊儒術，認為最重要的儒學書籍有五部，稱「五經」。每經設一個教官，收學生若干名，稱「博士」。當時的「五經」是《春秋》、《易經》、《尚書》、《詩經》和〈儀禮〉（《禮經》）。到唐代，解說和補充〈儀禮〉的《禮記》代替〈儀禮〉，成為「五經」之一。後來又經過一系列演變，最終形成「十三經」，即十三部經書。它們是：《周易》（《易經》和《易傳》）、《尚書》、《詩經》、《春秋左傳》、〈春秋公羊傳〉、〈春秋穀梁傳〉、〈周禮〉（〈周官〉）、〈儀禮〉、《禮記》、《論語》、《孟子》、《孝經》、〈爾雅〉。

　　到宋代，儒者們認為《論語》、《孟子》和《禮記》中的〈大學〉〈中庸〉兩篇特別重要，於是把它們合在一起，稱「四書」。朱熹用

畢生精力為「四書」作注，稱《四書集注》。南宋末年，國家把以朱
熹為代表的儒學定為儒學的正宗，《四書集注》也成為國家考試中最
重要的書籍。文藝作品中常常提到的「四書五經」，就是指《四書集
注》和其他儒經。

　　據《莊子》一書，說儒經有六部，稱「六經」，也稱「六藝」。其
中一部是「樂經」。漢代時，「樂經」就不存在了。關於「樂經」是否
成書，或者是被焚燒失傳？儒者們得不出結論。從漢代開始的儒學，
也就沒有「樂經」。只是在泛稱儒經時，還往往用「六經」這樣的詞彙。

第一節　《周易》

　　《周易》分經、傳兩個部分，分別稱《易經》和《易傳》。

　　傳統的說法，認為先由上古聖人伏羲畫出了由分別稱為陽爻
（——）、陰爻（－－）的兩種符號三個一組組成的「八卦」；到了商
代末年，由周文王將八卦兩兩相重，組成了六十四卦，並為每卦、每
爻都撰寫了說明，稱卦辭和爻辭。後來又由孔子撰寫了十篇解說性文
字，稱「傳」。也有人認為，爻辭是周公撰寫的。這叫作「時（世）
歷三古」、「人更四（或三）聖」。

　　據現代學者研究，一般認為《周易》的成書經歷了漫長的歷史過
程。八卦出現較早，六十四卦大約出現於商代末年和周代初年。卦爻
辭大約也出現於此時。至於《易傳》十篇，有的可能在孔子之前，有
的也可能在孔子之後。未必和孔子無關，但要說《易傳》就是孔子所
作，證據尚不充分。

　　秦代焚書，認為《周易》是「卜筮之書」，不會危及自己的政治
統治，所以沒有焚毀。漢代，《易經》和《易傳》分別流行，沒有合
在一起。據說是屬於古文經傳授的費直系統，將經文和部分傳文合在

一起，此後鄭玄、王弼繼承了這種做法，才形成了現在《周易》通行本的樣子。

「周易」的目的，是占筮吉凶。爻和卦本來是占問吉凶的符號，後來被認為是天地萬物的象徵。隨著社會意識的發展，占筮者不僅要求知道占筮結果，還要求知道「為什麼」是這樣的結果。於是有了卦辭、爻辭。後來又有了《易傳》。

卦象、爻像是占筮的結果，卦辭、爻辭是對占筮結果的說明，《易傳》則是對占筮結果說明的再說明。再說明需要援引大量的、各種各樣的道理，於是，《易傳》特別是其中的〈文言傳〉、〈繫辭傳〉，就充滿了論述天地人物最高、最普遍道理的內容。這些內容，就是我們所說的哲學。

　　子曰：「加我數年，五十以學易，可以無大過矣。」

—— 《論語‧述而》

　　《易》曰：「宓戲氏仰觀象於天，俯觀法於地，觀鳥獸之文與地之宜。近取諸身，遠取諸物。於是始作八卦，以通神明之德，以類萬物之情。至於殷周之際，紂在上位，逆天暴物。文王以諸侯，順命而行道。天人之占，可得而效。於是重易六爻，作上下篇。孔氏為之〈彖〉、〈象〉、〈繫辭〉、〈文言〉、〈序卦〉之屬十篇。故曰：易道深矣。人更三聖，世歷三古。及秦燔書，而易為筮卜之事，傳者不絕。漢興，田何傳之。訖於宣元，有施、孟、梁丘、京氏，列於學官。而民間有費、高二家之說。劉向以中古文《易經》校施、孟、梁丘經，或脫去無咎悔亡。唯費氏經與古文同。

—— 《漢書‧藝文志》

夫易者，象也。爻者，效也。聖人有以仰觀俯察，象天地而育群品。雲行雨施，效四時以生萬物。若用之以順，則兩儀序而百物和。若行之以逆，則六位傾而五行亂。故王者動必則天地之道，不使一物失其性。行必協陰陽之宜，不使一物受其害。故能彌綸宇宙，酬酢神明。宗社所以無窮，風聲所以不朽。非夫道極玄妙，孰能與於此乎。斯乃乾坤之大造，生靈之所益也。

——孔穎達〈周易正義序〉

宓犧氏之王天下，仰則觀於天文，俯則察於地理。觀鳥獸之文與地之宜。近取諸身，遠取諸物，始畫八卦，因而重之，為六十四。文王拘於羑里，作卦辭。周公作爻辭。孔子作〈彖辭〉、〈象辭〉、〈文言〉、〈繫辭〉、〈說卦〉、〈序卦〉、〈雜卦〉，謂之十翼。班固曰：孔子晚而好《易》，讀之韋編三絕，而為之傳。傳即十翼也。自魯商瞿子木受《易》於孔子，以授魯橋庇子庸，子庸授江東軒臂子弓，子弓授燕周醜子家，子家授東武孫虞子乘，子乘授齊田何子莊。及秦燔書，《易》為卜筮之書，獨不禁，故傳授者不絕。

——陸德明〈周易注解傳述人〉

聖人覺世牖民，大抵因事以寓教。詩寓於風謠，禮寓於節文。《尚書》《春秋》寓於史，而易則寓於卜筮。故《易》之為書，推天道以明人事者也。《左傳》所記諸占，蓋猶太卜之遺法。漢儒言象數，去古未遠也。一變而為京、焦，入於禨祥。再變而為陳、邵，務窮造化。易遂不切於民用。王弼盡黜象數，說以老莊。一變而胡瑗、程子，始闡明儒理。再變而李光、楊萬里，又參證史事。易遂日啟其論端。此兩派六宗，已互相攻駁。又易道廣大，無所不包。旁及天文、地理、樂律、兵法、韻學、算術，以逮方外之爐火，皆可援易以

為說。而好異者又援以入易，故易說愈繁。夫六十四卦大象，皆有君子以字其爻象，則多戒占者，聖人之情見乎詞矣。其餘皆易之一端，非其本也。今參校諸家，以因象立教者為宗。而其它易外別傳者，亦兼收，以盡其變。各為條論，具列於左。

——《四庫總目・易類》

第二節　《尚書》

《尚書》就是「上」書，即過去、古代政治宗教性質的文告匯編。

古代的政治宗教文告數量很多，據《尚書大傳》所載，到秦穆公為止，共有三二四〇篇。孔子從中篩選出一〇二篇，作為《尚書》。

孔子選定的原則是：「取可施於禮義。」（《史記・孔子世家》）

現存的一部《逸周書》，據說就是被刪除的周代的文獻。其中講到周武王和弟弟周公姬旦合謀進攻當時作為他們宗主國的商朝，殺死了許多商朝的人，並割下死者的左耳，還掠搶了大量的珍寶。後來，兄弟二人又一起進攻商朝，殺死了商王紂，並割下紂的腦袋，向神祇獻祭。這些都被認為是不合禮義的，被刪除了。

然而即或如此，到了秦代，被認為最妨礙當時政治統治的書，第一是《詩經》，第二就是《尚書》。於是《尚書》被焚毀。漢朝初年，國家派晁錯到山東，記錄原秦朝博士伏勝口授的《尚書》二十八篇。由於是用當時的隸書文字記錄，所以稱「今文」《尚書》。後來，又陸續發現了數十篇《尚書》原文，稱「古文」《尚書》。《古文尚書》在漢代曾經有人研究，後來失傳了。東晉時，儒者梅賾宣稱他發現了由漢武帝時孔安國注解的《古文尚書》，得到國家承認。今天編入《十三經注疏》的《尚書注疏》，就是《古文尚書》本。

從宋代開始，朱熹等人就懷疑《尚書》中古文篇的真實性。清

初，儒者閻若璩列舉一百餘條證據，證明《尚書》中的古文部分是後世偽造的，得到學術界承認。

今天所見到的《古文尚書》，其五十八篇篇名分別是：（加方框的，是其中的古文篇目。）

虞書五篇：堯典、舜典、大禹謨、皋陶謨、益稷。

夏書四篇：禹貢、甘誓、五子之歌、胤征。

商書十七篇：湯誓、仲虺之誥、湯誥、伊訓、太甲上、太甲中、太甲下、咸有一德、盤庚上、盤庚中、盤庚下、說命上、說命中、說命下、高宗肜日、西伯戡黎、微子。

周書三十二篇：泰誓上、泰誓中、泰誓下、牧誓、武成、洪範、旅獒、金縢、大誥、微子之命、康誥、酒誥、梓材、召誥、洛誥、多士、無逸、君奭、蔡仲之命、多方、立政、周官、君陳、顧命、康王之誥、畢命、君牙、冏命、呂刑、文侯之命、費誓、秦誓。

《易》曰：「河出圖，雒出書，聖人則之。」故《書》之所起，遠矣，至孔子纂焉。上斷於堯，下訖於秦，凡百篇，而為之序，言其作意。秦燔書，禁學，濟南伏生獨壁藏之。漢興，亡失，求得二十九篇，以教齊魯之間。訖孝宣世，有歐陽、大小夏侯氏，立於學官。《古文尚書》者，出孔子壁中。武帝末，魯共王壞孔子宅，欲以廣其宮，而得《古文尚書》及《禮記》、《論語》、《孝經》凡數十篇，皆古字也。共王往入其宅，聞鼓琴瑟鐘磬之音，於是懼乃止，不壞。孔安國者，孔子後也。悉得其書，以考二十九篇，得多十六篇。安國獻之。遭巫蠱事，未列於學官。劉向以中古文校歐陽、大小夏侯三家經文。〈酒誥〉脫簡一，〈召誥〉脫簡二，率簡二十五字者，脫亦二十五字。簡二十二字者，脫亦二十二字。文字異者七百有餘，脫字數十。

——《漢書・藝文志》

　　夫書者，人君辭誥之典，右史記言之策。古之王者，事總萬幾。發號出令，義非一揆。或設教以馭下，或展禮以事上。或宣威以肅震曜，或數和而散風雨。得之則百度惟貞，失之則千里斯謬。樞機之發，榮辱之主。絲綸之動，不可不慎。所以辭不苟出，君舉必書，欲其昭法誡慎言行也。其泉源所漸，基於出震之君。黼藻斯彰，郁乎如雲之後。勳華揖讓而典謨起，湯武革命而誓誥興。先君宣父，生於周末。有至德而無至位，修聖道以顯聖人，芟煩亂而翦浮辭，舉宏綱而撮機要。上斷唐虞，下終秦魯。時經五代，書總百篇。采翡翠之羽毛，拔犀象之牙角。罄荊山之石，所得者連城。窮漢水之濱，所求者照乘。巍巍蕩蕩，無得而稱。郁郁紛紛，於斯為盛。斯乃前言往行足以垂法將來者也。

　　暨乎七雄已戰，五精未聚。儒雅與深阱同埋，經典共積薪俱燎。漢氏大濟區宇，廣求遺逸。采古文於金石，得今書於齊魯。其文則歐陽、夏侯二家之所說，蔡邕碑石刻之。古文則兩漢亦所不行，安國注之。實遭巫蠱，遂寢而不用。歷及魏晉，方始稍興。故馬、鄭諸儒，莫睹其學。所注經傳，時或異同。晉世皇甫謐獨得其書，載於帝紀。其後傳授，乃可詳焉。但古文經雖然早出，晚始得行。其辭富而備，其義宏而雅。故復而不厭，久而愈亮，江左學者咸悉祖焉。

　　　　　　　　　　　　　　——孔穎達〈尚書正義序〉

第三節　《詩經》

　　《詩經》是上古詩歌的匯編，主要是周朝初年到春秋時代的詩歌匯編。據說當時的詩歌有三千餘首，孔子刪除了大部分，餘下三百零五首，也稱「三百篇」。

　　《詩經》分風、雅、頌三大部分。「頌」是明確地獻給天地祖宗

神祇的頌歌，「雅」也是獻給神祇的頌歌。風，就是民歌。古代統治者要從民歌中瞭解民情，以改進政治，風就是收集的民歌。

在儒學看來，詩歌的作用主要是教化民眾，而不是娛樂。所謂「制禮作樂」，《詩經》就是後世創作音樂歌詞的範本。後世創作的音樂歌詞記載在歷代正史的「音樂志」中。今天看來非常優美的「床前明月光」、「兩個黃鸝鳴翠柳」之類的詩句，優美感人，是詩中的極品。然而在當時的社會中，此類詩作僅僅是遊戲、娛樂之作，那些能夠在祭祀神祇時演奏、感動鬼神、教化民眾的詩歌，才是最重要的詩歌。

《書》曰：「詩言志，歌詠言」，故哀樂之心感而歌詠之聲發。誦其言謂之詩，詠其聲謂之歌。故古有采詩之官，王者所以觀風俗、知得失、自考正也。孔子純取周詩，上采殷，下取魯，凡三百五篇。遭秦而全者，以其諷誦，不獨在竹帛故也。漢興，魯申公為詩訓故，而齊轅固、燕韓生皆為之傳。或取《春秋》，采雜說，咸非其本義與。不得已，魯最為近之。三家皆列於學官。又有毛公之學，自謂子夏所傳，而河間獻王好之，未得立。

——《漢書・藝文志》

夫詩者，論功頌德之歌，止僻防邪之訓。雖無為而自發，乃有益於生靈。六情靜於中，百物蕩於外。情緣物動，物感情遷。若政遇醇和，則歡娛被於朝野。時當慘黷，亦怨刺形於詠歌。作之者所以暢懷舒憤，聞之者足以塞違從正。發諸情性，諧於律呂。故曰：「感天地，動鬼神，莫近於詩。」此乃詩之為用，其利大矣。若夫哀樂之起，冥於自然。喜怒之端，非由人事。故燕雀表啁噍之感，鸞鳳有歌舞之容。然則詩理之先，同夫開闢。詩跡所用，隨運而移。上皇道質，故諷諭之情寡。中古政繁，亦謳歌之理切。唐虞乃見其初，犧軒

莫測其始。於後時經五代，篇有三千。成康沒而頌聲寢，陳靈興而變風息。先君宣父，釐正遺文，緝其精華，褫其煩重。上從周始，下暨魯僖，四百年間，六詩備矣。

──孔穎達〈毛詩正義序〉

　　《詩》有四家，毛氏獨傳。唐以前無異論。宋以後，則眾說爭矣。然攻漢學者，意不盡在於經義，務勝漢儒而已。伸漢學者。意亦不盡在於經義，憤宋儒之詆漢儒而已。各挾一不相下之心，而又濟以不平之氣，激而過當，亦其勢然歟。夫解《春秋》者，惟公羊多駁。其中高子、沈子之說，殆轉相附益。要其大義數十，傳自聖門者，不能廢也。《詩序》稱子夏，而所引高子、孟仲子，乃戰國時人，固後來攙續之明證。即成伯璵等所指篇首一句，經師口授，亦未必不失其真。然去古未遠，必有所受。意其真贋相半，亦近似公羊。全信全疑，均為偏見。今參稽眾說，務協其平。苟不至程大昌之妄改舊文，王柏之橫刪聖籍者，論有可采，並錄存之，以消融數百年之門戶。至於鳥獸草木之名，訓詁聲音之學，皆事須考證，非可空談。今所采輯，則尊漢學者居多焉。

──《四庫總目》

第四節　禮經

　　孔子主張以禮治國，所以他教學生，除詩書外，就是禮和樂。詩書都有書傳下來。禮，主要是告訴人們怎麼做。許多動作很難都記錄成書。所以到了漢代，起初發現的禮經只有一部〈儀禮〉。〈儀禮〉記載的，主要是「士禮」，即一般士人的禮儀。依照傳統，應該還有天子、諸侯、大夫的禮儀，可是都沒有傳下來。

　　《禮記》本是漢代儒者收集的、以前解說禮儀制度的書，唐代代替〈儀禮〉，成為「五經」之一。孔子的時代，不少人就覺得儒學的禮儀太煩瑣，難以實行。〈儀禮〉的內容使我們大體可以看到一點孔子時代禮儀煩瑣的情況。後世用《禮記》代替〈儀禮〉，說明儒者們也覺得這樣的禮儀太煩瑣了。

　　漢代從孔府的牆壁中又發現了一部〈周禮〉。西漢末年，曾有人要求列為國家正式學科，被當時掌握教育權力的儒者們否定。後來，〈周禮〉逐漸受到重視，和其他禮經一樣，被作為儒經之一。

　　〈周禮〉也叫〈周官〉，據說是周公制定的關於國家應該設置什麼官位、每個官位都有什麼職責的書。也有人認為不過是戰國時代的儒者們假託周公創作的書。王莽曾經按照〈周禮〉改進當時的設官制度。後來王安石又仿照〈周禮〉進行變法。洪秀全的「太平天國」，組織設施基本上也是依據〈周禮〉。

　　這樣，禮經就有三部，稱「三禮」。

　　《易》曰：「有夫婦、父子、君臣上下，禮義有所錯。」而帝王質文，世有損益。至周，曲為之防，事為之制。故曰：「禮經三百，威儀三千。」及周之衰，諸侯將踰法度，惡其害己，皆滅去其籍。自孔子時而不具，至秦大壞。漢興，魯高堂生傳〈士禮〉十七篇。訖孝宣世，后倉最明。戴德、戴聖、慶普，皆其弟子。三家立於學官。禮古經者，出於魯淹中及孔氏，與十七篇文相似，多三十九篇。及《明堂陰陽》、《王史氏記》所見，多天子諸侯卿大夫之制。雖不能備，猶愈倉等推〈士禮〉而致於天子之說。

　　　　　　　　　　　　　　　　　　　——《漢書‧藝文志》

　　古稱議禮如聚訟。然〈儀禮〉難讀，儒者罕通，不能聚訟。《禮

記》輯自漢，需某增某減，具有主名，亦無庸聚訟。所辨論求勝者，
〈周禮〉一書而已。考〈大司樂〉章，先見於魏文侯時，理不容偽。
河間獻王但言闕〈冬官〉一篇，不言簡編失次。則竄亂移補者亦妄。
三禮並立，一從古文，無可疑也。鄭康成注，賈公彥、孔穎達疏，於
名物度數特詳。宋儒攻擊，僅摭其好引讖緯一失。至其訓詁，則弗能
踰越。蓋得其節文，乃可推制作之精意。不比《孝經》、《論語》，可
推尋文句而談。本漢唐之注疏，而佐以宋儒之義理，亦無可疑也。謹
以類區分，定為六目：曰〈周禮〉，曰〈儀禮〉，曰《禮記》，曰三禮
總義，曰通禮，曰雜禮書。六目之中，各以時代為先後。庶源流同
異，可比而考焉。

　　　　　　　　　　　　　　　　　　　　　　　　——《四庫總目》

　　竊聞道本沖虛，非言無以表其疏。言有微妙，非釋無能悟其理。
是知聖人言曲，事資注釋而成。至於〈周禮〉、〈儀禮〉，發源是一。
理有終始，分為二部。並是周公攝政太平之書，〈周禮〉為末，〈儀
禮〉為本。本則難明，末便易曉。是以〈周禮〉注者則有多門，〈儀
禮〉所注，後鄭而已。

　　　　　　　　　　　　　　　　　　　　　——賈公彥〈儀禮疏序〉

　　夫天育蒸民，無主則亂。立君治亂，事資賢輔。但天皇地皇之
日，無事安民。降自燧皇，方有臣矣。是以《易通卦驗》云：「天地
成位，君臣道生。君有五期，輔有三名。」注云：「三名，公、卿、
大夫。」又云：「燧皇始出，握機矩表計，置其刻日，蒼牙通靈昌之
成。孔演命，明道經。」注云：「拒燧皇，謂人皇。在伏羲前，風
姓，始王天下者。」〈斗機〉云：「所謂人皇九頭，兄弟九人，別長九
州者也。」是政教君臣，起自人皇之世，至伏羲因之。故〈文耀鉤〉

云：「伏羲，作《易》名官者也。」又案《論語撰考》云：「黃帝受地形，象天文，以制官。」伏羲已前，雖有三名，未必具立官位。至黃帝，名位乃具。是以《春秋緯・命曆序》云：「有九頭紀時有臣，無官位尊卑之別。」燧皇、伏羲既有官，則其間九皇六十四氏，有官明矣。……周監二代，郁郁乎文。所以象天立官，而官益備。此即官號沿革粗而言也。

——賈公彥〈周禮正義序〉

　　文武重光，典章斯備。洎乎姬旦，負扆臨朝。述曲禮以節威儀，制周禮而經邦國。禮者，體也，履也。郁郁乎文哉。三百三千，於斯為盛。綱紀萬事，雕琢六情。非彼日月照大明於寰宇，類此松筠負貞心於霜雪。順之則宗祐固，社稷寧，君臣序，朝廷正。逆之則紀綱廢，政教煩，陰陽錯於上，人神怨於下。故曰：「人之所生，禮為大也。」非禮無以事天地之神，辨君臣長幼之位。是禮之時義，大矣哉。暨周昭王南征之後，彝倫漸壞。彗星東出之際，憲章遂泯。夫子雖定禮正樂，頹綱暫理。而國異家殊，異端並作。畫蛇之說，文擅於縱橫。非馬之談，辯離於堅白。暨乎道喪兩楹，義乖四術。上自游夏之初，下終秦漢之際。其間歧涂詭說，雖紛然競起，而餘風曩烈，亦時或獨存。於是博物通人，知今溫古，考前代之憲章，參當時之得失。是以所見，各記舊聞。錯總鳩聚，以類相附。《禮記》之目，於是乎在。去聖逾遠，異端漸扇。故大、小二戴，共氏而分門。王、鄭兩家，同經而異注。爰從晉宋，逮於周隋，其傳禮業者，江左尤盛。

——孔穎達〈禮記正義序〉

第五節　《春秋》

　　據說周代各諸侯國都有史書，名稱不同。晉國叫「乘」，楚國叫「檮杌」，魯國叫「春秋」。孔子晚年，根據魯國的《春秋》加以刪改，就是現在的《春秋》。據說經孔子刪改的《春秋》，遣字用詞十分嚴格，每一個字都蘊含著孔子對當時的人和事的褒貶。因此，儒學認為《春秋》不是一般的史書，而是一部人們言行是非善惡的案例。孔子藉由《春秋》告訴人們，怎樣做是對的，怎樣做是錯的。哪些事該做，哪些事不該做。所以漢代最重視《春秋》。

　　漢代傳授《春秋》的有兩家：由公羊氏傳授的〈春秋公羊傳〉和由穀梁氏傳授的〈春秋穀梁傳〉。其中〈春秋公羊傳〉最受重視，董仲舒和公孫弘都是學習〈春秋公羊傳〉出身。

　　西漢末年，儒者劉歆在校訂圖書時發現了《左傳》，認為應該和公羊、穀梁二家一樣，設為國家正式學科，但遭到反對。唐代孔穎達作《五經正義》，用《春秋左傳》代替〈春秋公羊傳〉，使《春秋左傳》成為「五經」之一。其他兩家也沒有被拋棄。這樣，儒學的經書，《春秋》類就有了三家，稱「《春秋》三傳」。

　　孟子曰：「王者之跡熄而詩亡，詩亡然後《春秋》作。晉之《乘》，楚之《檮杌》，魯之《春秋》，一也。其事則齊桓、晉文，其文則史。孔子曰：『其義則丘竊取之矣。』」

　　　　　　　　　　　　　　　　　　　　　——《孟子·離婁》

　　世衰道微，邪說暴行有作。臣弒其君者有之，子弒其父者有之。孔子懼，作《春秋》。《春秋》，天子之事也。是故孔子曰：「知我者，

其惟《春秋》乎！罪我者，其惟《春秋》乎！」

——《孟子‧滕文公》

　　子曰：「弗乎弗乎，君子病歿世而名不稱焉。吾道不行矣，吾何以自見於後世哉。」乃因史記作《春秋》。上至隱公，下訖哀公十四年，十二公，據魯親周，故殷運之三代，約其文辭而指博。故吳楚之君自稱王，而《春秋》貶之曰子。踐土之會，實召周天子，而《春秋》諱之曰：「天王狩於河陽。」推此類以繩當世貶損之義。後有王者，舉而開之。《春秋》之義行，則天下亂臣賊子懼焉。孔子在位，聽訟文辭，有可與人共者，弗獨有也。至於為《春秋》，筆則筆，削則削。子夏之徒，不能贊一辭。弟子受《春秋》，孔子曰：「後世知丘者以《春秋》，而罪丘者亦以《春秋》。」

——《史記‧孔子世家》

　　《春秋》者，魯史記之名也。記事者，以事繫日，以日繫月，以月繫時，以時繫年。所以紀遠近，別同異也。故史之所記，必表年以首事。年有四時，故錯舉以為所記之名也。〈周禮〉有史官掌邦國四方之事，達四方之志。諸侯亦各有國史。大事書之於策，小事簡牘而已。孟子曰：「楚謂之《檮杌》，晉謂之《乘》，而魯謂之《春秋》，其實一也。」……仲尼因魯史策書成文，考其真偽，而志其曲禮。上以遵周公之遺制，下以明將來之法。其教之所存，文之所害，則刊而正之，以示勸戒。其餘則皆即用舊史。史有文質，辭有詳略，不必改也。故傳曰「其善志」，又曰「非聖人孰能修之」。蓋周公之志，仲尼從而明之。左丘明受經於仲尼，以為經者，不刊之書也。故傳或先經以始事，或後經以終義。或依經以辯理，或錯經以合異。隨義而發其例之所重，舊史遺文，略不盡舉。非聖人所修之要故也。身為國史，

躬覽載籍，必廣記而備言之。其文緩，其旨遠。將令學者原始要終，尋其枝葉，究其所窮，優而柔之，使自求之；饜而飫之，使自趨之。若江海之浸，膏澤之潤，渙然冰釋，怡然理順，然後為得也。

　　　　　　　　　　　　　　　　　　──杜預〈春秋左傳序〉

　　昔者孔子有云：「吾志在《春秋》，行在《孝經》。」此二學者，聖人之極致，治世之要務也。傳《春秋》者非一，本據亂而作。其中多非常異義可怪之論，說者疑惑。至有倍經任意，反傳為戾者。其勢雖間，不得不廣。是以講誦師言，至於百萬，猶有不解。時加讓嘲辭，援引他經。失其句讀，以無為有，甚可閔笑者，不可勝記也。是以治古學貴文章者，謂之俗儒。至使賈逵緣隙奮筆，以為公羊可奪，左氏可興。恨先師觀聽不決，多隨二創。此世之餘事，斯豈非守文持論、敗績失據之過哉。余竊悲之久矣。往者畧依胡母生條例，多得其正，故遂隱括，使就繩墨焉。

　　　　　　　　　　　　　　　　　　──何休〈春秋公羊傳序〉

　　昔周道衰陵，乾綱絕紐。禮壞樂崩，彝倫攸斁。弒逆篡盜者國有，淫縱破義者比肩。是以妖災因釁而作，民俗染化而遷。陰陽為之愆度，七曜為之盈縮。川嶽為之崩竭，鬼神為之疵厲。故父子之恩缺，則〈小弁〉之刺作；君臣之禮廢，則〈桑扈〉之諷興。……天下蕩蕩，王道盡矣。孔子睹滄海之橫流，乃喟然而歎曰：「文王既沒，文不在茲乎。」言文王之道，喪興之者在己。於是就太師而正雅頌，因魯史而修《春秋》。……《春秋》之傳有三，而為經之旨一。臧否不同，褒貶殊致，蓋九流分而微言隱，異端作而大義乖。左氏以鬻拳兵諫為愛君，文公納幣為用禮。穀梁以衛輒拒父為尊祖，不納子糾為內惡。公羊以祭仲廢君為行權，妾母稱夫人為合正。以兵諫為愛君，

是人主可得而脅也。以納幣為用禮,是居喪可得而婚也。以拒父為尊祖,是為子可得而叛也。以不納子糾為內惡,是仇讎可得而容也。以廢君為行權,是神器可得而窺也。以妾母為夫人,是嫡庶可得而齊也。若此之類,傷教害義,不可強通者也。……左氏豔而富,其失也誣。穀梁清而婉,其失也短。公羊辯而裁,其失也俗。若能富而不誣,清而不短,裁而不俗,則深於其道者也。故君子之於《春秋》,沒身而已矣。

——范甯〈春秋穀梁傳序〉

　　說經家之有門戶,自《春秋》三傳始,然迄能並立於世。其間諸儒之論中,唐以前則左氏勝。啖助、趙匡以逮北宋,則公羊、穀梁勝。孫復、劉敞之流,名為棄傳從經,所棄者,特左氏事蹟。公羊、穀梁月日例耳。其推闡譏貶,少可多否,實陰本公羊、穀梁法,猶誅鄧析用竹刑也。夫刪除事蹟,何由知其是非。無案而斷,是《春秋》為射覆矣。聖人禁人為非,亦予人為善。經典所述,不乏褒辭。而操筆臨文,乃無人不加誅絕。《春秋》豈吉網羅鉗乎。至於用夏時則改正朔,削尊號則貶天王。《春秋》又何僭以亂也。沿波不返,此類宏多。雖舊說流傳不能盡廢,要以切實有微平易近理者為本。其瑕瑜互見者,則別白而存之。游談臆說以私意亂聖經者,則僅存其目。蓋六經之中,惟《易》包眾理,事事可通。《春秋》具列事實,亦人人可解。一知半見,議論易生。著錄之繁,二經為最。故取之不可不慎也。

——《四庫全書總目》

第六節　《論語》、《孟子》、《孝經》、《爾雅》

　　《論語》是孔子與他的學生們重要言行的記錄,《孝經》據說是

孔子向弟子曾參傳授要如何盡孝的主張。它們在漢代就受到特殊重視，僅次於「五經」的地位。但它們當時還不是經。它們被正式作為經，大約在唐宋時代。

《爾雅》被認為是周公撰寫的一部字典，後來又經過儒者們的修訂。《孟子》是戰國時代儒者孟軻和弟子們合作著成的書，漢朝初年曾經為《孟子》設置博士教授學生，但不久就中止了。直到唐朝後期，《孟子》重新受到重視。宋代，《孟子》和《論語》一起，加上《大學》和《中庸》，成為四部最重要的儒學經典。

《周易》、《尚書》、《詩經》、「三禮」、「三傳」，共九部，稱「九經」。加上《論語》、《孟子》、《孝經》、《爾雅》四部，成「十三經」，是儒經的全部。

本節介紹《孝經》和《爾雅》。《論語》和《孟子》在「四書」部分介紹。

《孝經》者，孔子為曾子陳孝道也。夫孝，天之經，地之義，民之行也。舉大者言，故曰《孝經》。漢興，長孫氏、博士江翁、少府后倉、諫大夫翼奉、安昌侯張禹傳之，各自名家。經文皆同，唯孔氏壁中古文為異。「父母生之，續莫大焉。」「故親生之膝下」。諸家說不安處，古文字讀皆異。

——《漢書・藝文志》

蔡邕《明堂論》引魏文侯《孝經傳》，《呂覽・審微篇》亦引《孝經・諸侯章》，則其來久矣。然授受無緒，故陳騤、汪應辰皆疑其偽。今觀其文，去二戴所錄為近，要為七十子徒之遺書。使河間獻王采入一百三十一篇中，則亦《禮記》之一篇，與〈儒行〉、〈緇衣〉轉從其類。惟其各出別行，稱孔子所作。傳錄者又分章標目，自名一

經。後儒遂以不類〈繫辭〉、《論語》繩之，亦有由矣。中間孔、鄭兩
本，互相勝負。始以開元御注用今文，遵制者從鄭。後以朱子刊誤用
古文，講學者又轉而從孔。要其文句小異，義理不殊，當以黃震之言
為定論。故今之所錄，惟取其詞達理明，有裨來學，不復以今文古文
區分門戶，徒釀水火之爭。蓋注經者，明道之事，非分明角勝之事
也。語見《黃氏日鈔》。

——《四庫總目‧孝經類》

夫《爾雅》者，先儒授教之術，後進索隱之方。誠傳注之濫觴，
為經籍之樞要者也。夫混元闢而三才肇位，聖人作而六藝斯興。本乎
發德於中，將以納民於善。洎夫醇醨既異，步驟不同。一物多名，繫
方俗之語。片言殊訓，滯今古之情，將使後生若為鑽仰。繇是聖賢開
出，詁訓遞陳。周公倡之於前，子夏和之於後。蟲魚草木，爰自爾以
昭彰。禮樂詩書，盡由斯而紛郁。然又時經戰國，運歷挾書。傳授之
徒浸微，發揮之道斯寡。諸篇所釋，世罕得聞。惟漢終軍獨深其道。
豹鼠既辨，斯文遂隆。其後相傳，乃可詳悉。其為注者，則有犍為文
學、劉歆、樊光、李巡、孫炎。雖各名家，猶未詳備。惟東晉郭景
純，用心幾二十年，注解方畢，甚得六經之旨，頗詳百物之形，學者
祖焉，最為稱首。

——邢昺〈爾雅疏序〉

第七節　四書

「四書」包括《論語》、《孟子》、〈大學〉、〈中庸〉。《論語》、《孟
子》都單獨成書，篇幅也長。〈大學〉、〈中庸〉都只是《禮記》中的
一篇，篇幅很短。〈大學〉據說也是孔子傳授給曾參的書。〈中庸〉則

相傳是孔子孫子子思所作。依朱熹的意見，這兩篇文獻雖然篇幅很短，但意義重大，所以從宋代末年開始，受到特殊重視。

　　《論語》者，孔子應答弟子時人及弟子相與言而接聞於夫子之語也。當時弟子各有所記。夫子既卒，門人相與輯而論纂，故謂之「論語」。漢興，有齊魯之說。傳〈齊論〉者，昌邑中尉王吉，少府宋畸，御史大夫貢禹，尚書令五鹿充宗，膠東庸生，唯王陽名家。傳〈魯論語〉者，常山都尉龔奮，長信少府夏侯勝，丞相韋賢，魯扶卿前將軍蕭望之，安昌侯張禹，皆名家。張氏最後，而行於世。

　　　　　　　　　　　　　　　　　　　　——《漢書‧藝文志》

　　堯以是傳之舜，舜以是傳之禹，禹以是傳之湯，湯以是傳之文武周公，文武周公傳之孔子，孔子傳之孟軻。軻之死，不得其傳焉。荀與揚也，擇焉而不精，語焉而不詳。

　　　　　　　　　　　　　　　　　　　　　　——韓愈〈原道〉

　　揚子云云，古者楊墨塞路，孟子辭而辟之，廓如也。夫楊墨行，正道廢……孟子雖賢聖，不得位，空言無施，雖切何補。然賴其言，而今學者尚知宗孔氏，崇仁義，貴王賤霸而已。其大經大法，皆亡滅而不救，壞爛而不收。所謂存十一於千百，安在其能廓如也。然向無孟氏，則皆服左衽而言侏離矣。故愈嘗推尊孟氏，以為功不在禹下者，為此也。

　　　　　　　　　　　　　　　　　　　——韓愈〈與孟尚書書〉

　　程子又曰：「孟子有功於聖門，不可勝言。仲尼只說一個仁字，孟子開口便說仁義。仲尼只說一個志，孟子便說許多養氣出來。只此

二字，其功甚多。」又曰：「孟子有大功於世，以其言性善也。」又曰：「孟子性善養氣之論，皆前聖所未發。」

——朱熹〈孟子序說〉

伯魚生伋，字子思。年六十二，嘗困於宋。子思作《中庸》。

——《史記・孔子世家》

《中庸》何為而作也？子思子憂道學之失其傳而作也。蓋自上古聖神，繼天立極，而道統之傳，有自來矣。其見於經，則「允執厥中」者，堯之所以授舜也。「人心惟危，道心惟微，惟精惟一，允執厥中」者，舜之所以授禹也。堯之一言，至矣盡矣，而舜復益之以三言者，則所以明夫堯之一言，必如是而後可庶幾也。

——朱熹〈中庸章句序〉

《大學》之書，古之大學所以教人之法也。……及周之衰，賢聖之君不作，學校之政不修。教化陵夷，風俗頹敗。時則有若孔子之聖，而不得君師之位以行其政教。於是獨取先王之法，誦而傳之，以詔後世。若〈曲禮〉、〈少儀〉、〈內則〉、〈弟子職〉諸篇，固小學之支流餘裔。而此篇者，則因小學之成功，以著大學之明法。外有以極其規模之大，而內有以盡其節目之詳者也。三千之徒，蓋莫不聞其說。而曾氏之傳，獨得其宗。於是作為傳義，以傳其意。及孟子沒，而其傳泯焉。

——朱熹〈大學章句序〉

第八節　《四庫全書》

　　明朝時候，有個叫曹學佺的儒者，曾修過「儒藏」，沒有修成。後來，清朝乾隆年間，儒者周永年又建議修「儒藏」。經過討論，認為藏書乃是古代國家的傳統，佛教的《大藏經》、道教的《道藏》，不過是竊取了國家原有的名稱而已。國家獨尊儒術以來，所藏之書也以儒學為主，而國家所藏之書，分為四庫，所以稱為《四庫全書》。

　　中國古代國家確有收藏圖書的傳統。據說老聃的職務「柱下史」，就是負責圖書收藏的官職。

　　圖書的分類，歷代不同。據說上古有「三墳」、「五典」、「八索」、「九丘」。漢代，朝廷命令儒者劉向和他的兒子劉歆校訂圖書。他們將圖書分為六類：六藝、諸子、詩賦、兵書、術數、方技。魏晉時代，逐步形成經、史、子、集四部分類，隋唐時代正式定型，一直延續到清朝。這些書絕大部分是儒學的書籍，中間有少量認為對儒學有幫助或參考作用的書。至於大量的佛經、道經，則由佛教和道教各自收藏。所以編輯《四庫全書》，實際上就是編纂「儒藏」。

　　編纂過程中，認為沒有價值的書，編纂者只保留了一個目錄和簡單的「提要」。這些書基本上被收集起來影印出版為《四庫存目叢書》。乾隆時代以後辛亥革命以前的書，也被編輯起來，成為《續修四庫全書》。《四庫全書》和「存目」、「續修」，都有大約七億到八億字。此外還有《四庫未收書輯刊》和《四庫禁毀書叢刊》，各有一億字左右。這樣，主要屬於儒學的文獻，就有二十五億字左右。這是世界上獨一無二的，也是中華民族文化最大的寶庫。

　　（曹學佺）嘗謂二氏有藏，吾儒何獨無。欲修《儒藏》與鼎立。

採擷四庫書，因類分輯。十有餘年，功未及竣，兩京繼覆。唐王立於閩中，起授太常卿，尋遷禮部右侍郎兼侍講學士，進尚書，加太子太保。及事敗，走入山中，投繯而死，年七十有四。

——《明史‧曹學佺傳》

公又早負才志，入讀秘笈。出視省奏，淹於今昔之故，隱而益文。嘗欲總史傳，聚往略，起唐虞以來，至勝國。效遷史體，為紀傳之書。而因以驪括十三經疏義，訂核收采，號曰《儒藏》。嗟夫，公蓋通博偉麗之儒矣。

——湯顯祖〈孫鵬初遂初堂集序〉

乾隆三十七年正月初四日上諭：朕稽古右文，聿資治理。幾餘典學，日有孜孜。因思策府縹緗，載籍極博。其巨者，羽翼經訓，垂範方來，固足稱千秋法鑒。即在識小之徒，專門撰述，細及名物象數，兼綜條貫，各自成家，亦莫不有所發明，可為遊藝養心之一助。是以御極之初，即詔中外，搜訪遺書。並令儒臣校勘十三經二十一史，遍佈黌宮，嘉惠後學。復開館纂修〈綱目〉，三編《通鑒輯覽》及「三通」諸書。凡藝林承學之士，所當戶誦家弦者，既已薈萃各備。第念讀書固在得其要領，而多識前言往行，以蓄其德。惟搜羅益廣，則研討愈精。如康熙年間所修《圖書集成》，全部兼收並錄，極方策之大觀。引用諸編，率屬因類取裁，勢不能悉載全文，使閱者沿流溯源，一一徵其來處。今內府藏書，插架不為不富。然古今來著作之手，無慮數千百家。或逸在名山，未登柱史。正宜及時採集，匯送京師，以彰千古同文之盛。其令直省督撫學政等，通飭所屬，加意購訪。除坊肆所售舉業時文、及民間無用之族譜、尺牘、屏幛、壽言等類，又其人本無實學，不過嫁名馳騖，編刻酬倡詩文瑣屑無當者，均無庸採

取，其歷代流傳舊書，內有闡明性學治法，關係世道人心者，自當首先購覓。至若發揮傳注，考核典章，旁暨九流百家之言，有裨實用者，亦應備為甄擇。又如歷代名人泊本朝士林宿望，向有詩文專集，及近時沈潛經史，原本風雅，如顧棟高、陳祖範、任啟運、沈德潛輩，亦各著成編，並非剿說巵言可比。均應概行查明。在坊肆者，或量為給價。家藏者，或官為裝印。其有未經鐫刊，祇係抄本存留者，不妨繕錄副本，仍將原書給還。並嚴飭所屬，一切善為經理，毋使吏胥藉端滋擾。但各省搜輯之書，卷帙必多。若不加之鑒別，悉令呈送，煩復皆所不免。著該督撫等，先將各書敘列目錄，注係某朝某人所著，書中要旨何在。簡明開載，具折奏聞。候匯齊後，令廷臣撿核，有堪備閱者，再開單行知取進。庶幾副在石渠，用儲乙覽。從此四庫七略，益昭美備，稱朕意焉。欽此。

——《四庫全書總目提要》

第九節　儒學學校

　　據說中國上古時期就有學校。春秋時代，社會動亂，出現了以孔子等為代表的所謂私人講學授徒的現象。大約在戰國時代，興起了博士制度。國家聘用學問淵博者作顧問，同時讓他們教授學生。秦朝繼承這個制度，最多時博士有七十個，其中主要是儒者。每個博士都有一定數量的學生。一個「待詔博士」叔孫通，就有學生一百多人。秦始皇坑殺的四百多人，就是博士們的學生。

　　漢朝初年，繼承秦朝制度。漢武帝獨尊儒術，排斥其他學派。興辦儒學，設五經博士，收弟子五十餘人。後來博士發展到十幾個，學生最多時有數萬人。同時也有許多私人講學，弟子往往也有幾千人。培養的目的只有一個，就是作為國家的後備官員。

魏晉南北朝時期，社會動亂，學校教育時斷時續。漢代時地方上也曾經興辦過學校，比如文翁在四川辦學，但僅是個別現象。這一時期，一些儒者又開始在地方興辦儒學教育，並且數量開始增多。京城之內，南朝時曾經設過儒學、史學、玄學和文學四個學校，開創按儒經分類之外的又一種學術分科方式。

隋唐時期，國家在京城興辦的學校擴大到不只一所。有太學或國子學四門學，分別教授不同的學生。同時地方上的學校也逐步規範，教師和學生人數都由國家作出規定。由於國力興盛，引起周邊國家的仰慕，京城裡往往聚集許多外國學生。日本人學習中國文化，最大規模也就在唐朝這一時期。據說當時京城長安學校裡學生最多時達到八千餘人，是極盛時期。

宋朝建立初期，有作為的儒者如范仲淹等，每到一地做官，都大力興辦學校。元代滅宋以後，也興辦學校，並規定了國家考試的科目，被明代大體繼承。

明代，學校教育更加廣泛，鄉村里社，甚至軍隊駐紮的衛所，也都興辦學校，教授儒經。清代大體繼承明朝制度，學校教育原則上下達到鄉村。

國家正規教育系統之外，從唐代開始，逐步發展出了書院制度。興辦書院的，有國家，也有私人。這是國家的第二套教育系統。

從唐朝開始，國家考試分為秀才、明經、俊士、進士、明法、明字、明算、一史、三史、開元禮、道舉、童子等科目。其中「明法」是法律，「明字」是書法，「明算」是數學，「道舉」考試道經。其他各科主要是儒學的科目，包括史科。當時進士、明經二科最為重要，後來進士科又特別突出出來。進士、明經科考試的內容，主要是儒經，還有稱為「對策」的治國方略。後來的考試制度，大體沿襲唐代而有所增減。比如去掉了「道舉」等科，增加了「武科」。到清代，

武科應試者，也必須學習《孝經》和「四書」。儒學科目先是集中於進士和明經兩科。明經科在明清時代改為「五經中式」科，乾隆年間，又歸併於進士科。

　　在定期舉行的科舉考試之外，國家為了籠絡人才，有時也不定期地設置一些特科。如「博學宏詞科」、「孝廉方正科」、「明體達用科」、「才識兼茂科」，等等。參加這些考試的，往往是已經做了官，甚至官做得很大的人物。白居易、元稹、蘇軾等，都參加過這種特科的考試並取得優異成績。

　　古代國家學校培養的目標，就是提供後備官員。所以古代的科舉考試，性質就是國家公務員考試。教育和考試制度，是儒學性質的最好說明。

　　戊戌變法前後，清廷創立了「京師大學堂」，即北京大學的前身。從此以後，中國的教育進入了近代階段。這一時期的大學，其目標主要是培養有知識的人才。這是和古代儒學性質根本不同的學校。

　　古者取士之法，莫備於成周，而得人之盛，亦以成周為最。自唐以後，廢選舉之制，改用科目，歷代相沿。而明則專取四子書及《易》、《書》、《詩》、《春秋》、《禮記》五經命題試士，謂之制義。有清一沿明制，二百餘年，雖有以他途進者，終不得與科第出身者相比。康、乾兩朝，特開制科。博學鴻詞，號稱得人。然所試者亦僅詩、賦、策論而已。洎乎末造，世變日亟。論者謂科目人才不足應時務，毅然罷科舉，興學校。采東、西各國教育之新制，變唐、宋以來選舉之成規。前後學制，判然兩事焉。今綜其章制沿革新舊異同之故著於篇。

　　有清學校，向沿明制。京師曰國學，並設八旗、宗室等官學。直省曰府、州、縣學。……

　　同、光間，國學及官學造就科舉之才，亦頗稱盛。然囿於帖括，舊制鮮變通。三十一年，監臣奏於南學添設科學，未幾，裁國子監，並設學部。文廟祀典，設國子丞一人掌之。八旗官學改並學堂，算學亦改稱欽天監。天文算學隸欽天監，而太學遂與科舉並廢云。……

　　武生附儒學，通稱武生。順治初，京衛武生童考試隸兵部。康熙三年，改隸學院，直省府、州、縣、衛武生，儒學教官兼轄之。騎射外，教以武經七書、百將傳及《孝經》、《四書》。……

　　各省書院之設，輔學校所不及，初於省會設之。世祖頒給帑金，風勵天下。厥後府、州、縣次第建立，延聘經明行修之士為之長，秀異多出其中。高宗明詔獎勸，比於古者侯國之學。儒學浸衰，教官不舉其職，所賴以造士者，獨在書院。其裨益育才，非淺鮮也。

　　又有義學、社學。社學，鄉置一區，擇文行優者充社師，免其差徭，量給廩餼。凡近鄉子弟十二歲以上令入學。義學，初由京師五城各立一所，後各省府、州、縣多設立，教孤寒生童，或苗、蠻、黎、瑤子弟秀異者。規制簡略，可無述也。

——《清史稿・選舉志一》

　　學校新制之沿革，略分二期。同治初迄光緒辛丑以前，為無系統教育時期；辛丑以後迄宣統末，為有系統教育時期。自五口通商，英法聯軍入京後，朝廷鑒於外交挫衄，非興學不足以圖強。先是交涉重任，率假手無識牟利之通事，往往以小嫌釀大釁，至是始悟通事之不可恃。又震於列強之船堅炮利，急須養成翻譯與製造船械及海陸軍之人才。故其時首先設置之學校，曰京師同文館，曰上海廣方言館，曰福建船政學堂及南北洋水師、武備等學堂。……

　　自甲午一役，喪師辱國，列強群起，攘奪權利，國勢益岌岌。朝野志士，恍然於鄉者變法之不得其本。侍郎李端棻、主事康有為等，均條議推廣學堂。……

　　未幾，八月政變，由舊黨把持朝局，卒釀成庚子之禍。逮二十七年，學校漸有復興之議。其首倡者，則山東巡撫袁世凱也。……

　　辛丑，兩宮回鑾。以創痛鉅深，力求改革。十二月，諭曰：「興學育才，實為當今急務。京師首善之區，尤宜加意作育，以樹風聲。前建大學，應切實舉辦。派張百熙為管學大臣，責成經理，務期端正趨鄉，造就通才。其裁定章程，妥議具奏。」……

　　迨三十一年，世凱、之洞會奏：「科舉一日不停，士人有僥倖得第之心，以分其砥礪實修之志。民間相率觀望，私立學堂絕少。如再遲十年甫停科舉，學堂有遷延之勢，人才非急切可求。必須二十餘年後，始得多士之用。擬請宸衷獨斷，立罷科舉。飭下各省督、撫、學政，學堂未辦者，從速提倡；已辦者，極力擴充。學生之良莠，辦學人員之功過，認真考察，不得稍辭其責。」遂詔自丙午科始，停止各省鄉會試及歲科試，尋諭各省學政專司考校學堂事務。於是沿襲千餘年之科舉制度，根本劃除。嗣後學校日漸推廣，學術思想因之變遷，此其大關鍵也。

——《清史稿·選舉志二》

附錄二

著名儒者

　　儒學的創立，從孔子開始。孔子、孟子、荀子，今天受到中等教育的人都比較熟悉。所以不再介紹。孔門弟子，由於和孔子事蹟聯繫在一起，本章也不再介紹。

　　誰是優秀或著名的儒者，我們不以今天的是非為標準，而是以古人的是非為標準。從古人所推崇的儒者名單中，也能體會一些儒學的真面貌。

　　從唐代建立孔廟從祀制度開始，優秀儒者就有了一個標準，即是否進入孔廟列為從祀者。本章所介紹的，基本上就是曾經從祀孔廟，或者被提名從祀孔廟的儒者。從祀名單，歷代也有不同。我們將注出這些不同，以此可見儒學的變遷。

　　本章所介紹的，主要是漢朝及其以後的優秀儒者。

歷代儒者從祀孔廟表

朝代	姓名	始入年代	變動情況	備註
漢	伏勝	唐		
漢	毛萇	唐		
漢	高堂生	唐		
漢	后蒼	明		嘉靖九年
漢	孔安國	唐		

（續表）

朝代	姓名	始入年代	變動情況	備註
漢	劉德	清		清末
漢	董仲舒	元		至順元年
漢	劉向	唐	嘉靖九年罷	
漢	戴聖	唐	嘉靖九年罷	
漢	揚雄	宋	洪武二十八年罷	熙寧七年
漢	鄭眾	唐	嘉靖九年降祀於其鄉	
漢	杜子春	唐		
漢	賈逵	唐	嘉靖九年罷	
漢	馬融	唐	嘉靖九年罷	
漢	許慎	清		清末
漢	服虔	唐	嘉靖九年降祀於其鄉	
漢	何休	唐	嘉靖九年罷	
漢	盧植	唐	嘉靖九年降祀於其鄉	
漢	鄭玄	唐	嘉靖九年降祀於其鄉。雍正二年，復祀孔廟	
漢	諸葛亮	清		雍正二年
魏	王肅	唐	嘉靖九年罷	
魏	王弼	唐	嘉靖九年罷	
晉	杜預	唐	嘉靖九年罷	
晉	范寧	唐	嘉靖九年降祀於其鄉。雍正二年，復祀孔廟	
隋	王通	明		
唐	陸贄	清		道光六年
唐	韓愈	北宋		同時有荀況，嘉靖九年罷荀況
宋	范仲淹	清		康熙五十一年

（續表）

朝代	姓名	始入年代	變動情況	備註
宋	歐陽修	明		嘉靖九年
宋	韓琦	清		咸豐初
宋	胡瑗	明		嘉靖九年
宋	王安石	北宋	政和三年詔封舒王，配享。靖康元年，根據楊時建議，降為從祀。淳祐元年，以主張「三不畏」罪，被逐出孔廟	
宋	王雱	北宋	淳熙四年去王雱畫像。逐出孔廟	
宋	周敦頤	南宋		淳祐元年
宋	邵雍	南宋		
宋	司馬光	南宋		
宋	張載	南宋		
宋	程顥	南宋		
宋	程頤	南宋		
宋	呂大臨	清		清末
宋	楊時	明		弘治八年
宋	尹焞	清		雍正二年
宋	游酢	清		清末
宋	謝良佐	清		道光八年
宋	李綱	清		咸豐初
宋	胡安國	明		正統二年
宋	羅從彥	明		萬曆中
宋	李侗	明		萬曆中
宋	朱熹	南宋	康熙五十一年升為「十哲」之一	
宋	陸九淵	明	嘉靖九年	
宋	張栻	南宋		
宋	呂祖謙	南宋		

（續表）

朝代	姓名	始入年代	變動情況	備註
宋	蔡元定	明		嘉靖九年
宋	蔡沉	明		正統二年
宋	黃干	清		雍正二年
宋	輔廣	清		清末
宋	袁燮	清		同治七年
宋	陳淳	清		雍正二年
宋	真德秀	明		正統二年
宋	魏了翁	清		雍正二年
宋	何基	清		雍正二年
宋	王柏	清		雍正二年
宋	文天祥	清		道光八年
宋	陸秀夫	清		咸豐七年
元	趙復	清		雍正二年
元	金履祥	清		雍正二年
元	許衡	元		皇慶二年
元	吳澄	明	嘉靖九年罷，乾隆二年恢復	正統八年
元	許謙	清		雍正二年
元	陳澔	清		雍正二年
明	方孝孺	清		同治二年
明	薛瑄	明		隆慶五年
明	曹端	清		咸豐七年
明	陳憲章	明		萬曆十二年
明	胡居仁	明		萬曆十二年
明	王守仁	明		萬曆十二年
明	羅欽順	清		雍正二年

（續表）

朝代	姓名	始入年代	變動情況	備註
明	蔡清	清		雍正二年
明	呂坤	清		道光六年
明	呂柟	清		同治二年。事蹟無考
明	劉宗周	清		道光二年
明	黃道周	清		道光五年
清	顧炎武	清		光緒三四年
清	王夫之	清		光緒三四年
清	黃宗羲	清		光緒三四年
清	孫奇逢	清		道光八年
清	張履祥	清		同治七年
清	張伯行	清		清末
清	陸隴其	清		雍正二年
清	湯斌	清		道光三年
清	陸世儀	清		光緒初

第一節　漢至唐優秀儒者

唐代建立孔廟從祀制度，第一批入選漢代及其以前的儒者有：左丘明、卜子夏、公羊高、穀梁赤、伏勝、高堂生、戴聖、毛萇、孔安國、劉向、鄭眾、杜子春、馬融、盧植、鄭康成、服虔、何休、王肅、王弼、杜預、范寧共二十一人。加上一直配享的顏回，共二十二人。

其中左丘明被認為是孔門弟子，卜子夏是孔子及門弟子。公羊高、穀梁赤都是《春秋》學的傳人，但事蹟不清，而且在漢代以前。所以本節介紹，從伏勝開始。

伏勝：伏生，濟南人也。故為秦博士。孝文時，求能治《尚書》者，天下亡有。聞伏生治之，欲召，時伏生年九十餘，老不能行。於是詔太常使掌故朝錯往受之。秦時禁書，伏生壁藏之。其後大兵起，流亡。漢定，伏生求其書，亡數十篇，獨得二十九篇。即以教於齊魯之間。

——《漢書‧儒林傳》

高堂生：漢興，魯高堂生傳〈士禮〉十七篇。

——《漢書‧儒林傳》

戴聖：孟卿，東海人也。事蕭奮，以授后倉、魯閭丘卿。倉說禮數萬言，號曰《後氏曲臺記》，授沛聞人通漢子方、梁戴德延君、戴聖次君、沛慶普孝公。孝公為東平太傅，德號大戴，為信都太傅。聖號小戴，以博士論石渠，至九江太守。由是禮有大戴、小戴、慶氏之學。

——《漢書‧儒林傳》

漢興，魯高堂生傳〈士禮〉十七篇。訖孝宣世，后倉最明。戴德、戴聖、慶普皆其弟子。三家立於學官。

——《漢書‧藝文志》

漢初，河間獻王又得仲尼弟子及後學者所記一百三十一篇獻之，時亦無傳之者。至劉向考校經籍，檢得一百三十篇。向因第而敘之。而又得《明堂陰陽記》三十三篇，《孔子三朝記》七篇，《王氏史氏記》二十一篇，〈樂記〉二十三篇，凡五種，合二百十四篇。戴德刪其煩重，合而記之，為八十五篇，謂之〈大戴記〉。而戴聖又刪大戴之書為四十六篇，謂之〈小戴記〉。漢末，馬融遂傳小戴之學。融又

足〈月令〉一篇，〈明堂位〉一篇，〈樂記〉一篇，合四十九篇。而鄭玄受業於融，又為之注。今〈周官〉六篇，古經十七篇。〈小戴記〉四十九篇，凡三種。唯鄭注立於國學，其餘並多散亡，又無師說。

——《隋書・經籍志》

毛萇：前書魯人申公受《詩》於浮丘伯，為作詁訓，是為《魯詩》。齊人轅固生亦傳《詩》，是為〈齊詩〉。燕人韓嬰亦傳《詩》，是為〈韓詩〉。三家皆立博士。趙人毛長傳《詩》，是為〈毛詩〉，未得立。

——《後漢書・儒林列傳》

《後漢書・儒林傳》始云趙人毛長傳詩，是為毛詩，其長字不從艸。《隋書・經籍志》載〈毛詩〉二十卷，漢河間太守毛萇傳，鄭氏箋。於是《詩傳》始稱毛萇。

——《四庫提要・毛詩注疏》

后蒼：字近君，東海郯人也，事夏侯始昌。始昌通五經，蒼亦通《詩》、《禮》，為博士，至少府。授翼奉、蕭望之、匡衡。奉為諫大夫。望之，前將軍。衡，丞相。皆有傳。

——《漢書・儒林傳》

孔安國：孔氏有《古文尚書》，孔安國以今文字讀之，因以起其家逸《書》，得十餘篇。蓋《尚書》茲多於是矣。遭巫蠱，未立於學官。安國為諫大夫，授都尉朝，而司馬遷亦從安國問。故遷書載〈堯典〉、〈禹貢〉、〈洪範〉、〈微子〉、〈金縢〉諸篇，多古文說。

——《漢書・儒林傳》

劉德：河間獻王德以孝景前二年立，修學好古，實事求是。從民得善書，必為好寫與之，留其真，加金帛賜以招之。由是四方道術之人，不遠千里。或有先祖舊書，多奉以奏獻王者，故得書多，與漢朝等。是時淮南王安亦好書，所招致率多浮辯。獻王所得書，皆古文先秦舊書。〈周官〉、《尚書》、《禮》、《禮記》、《孟子》、《老子》之屬，皆經傳說記，七十子之徒所論。其學舉六藝，立〈毛氏詩〉、《左氏春秋》博士，修禮樂，被服儒術，造次必於儒者。山東諸儒多從而遊。

武帝時，獻王來朝，獻雅樂，對三雍宮及詔策所問三十餘事。其對推道術而言，得事之中，文約指明。立二十六年薨。

——《漢書・河間獻王傳》

董仲舒：廣川人也。少治《春秋》。孝景時為博士，下帷講誦，弟子傳以久次相授業，或莫見其面。蓋三年不窺園，其精如此。進退容止，非禮不行。學士皆師尊之。武帝即位，舉賢良文學之士前後百數，而仲舒以賢良對策焉。……

對既畢，天子以仲舒為江都相。……

仲舒治國，以《春秋》災異之變推陰陽所以錯行，故求雨，閉諸陽，縱諸陰。其止雨，反是。行之一國，未嘗不得所欲。中廢為中大夫。……

及去位歸居，終不問家產業，以修學著書為事。仲舒在家，朝廷如有大議，使使者及廷尉張湯就其家而問之，其對皆有明法。……

仲舒所著，皆明經術之意。及上疏條教，凡百二十三篇，而說《春秋》事得失，〈聞舉〉、〈玉杯〉、〈蕃露〉、〈清明〉、〈竹林〉之屬，復數十篇，十餘萬言，皆傳於後世。

——《漢書・董仲舒傳》

　　劉向：字子政，本名更生。年十二，以父德任為輦郎。既冠，以行修飭，擢為諫大夫。是時宣帝循武帝故事，招選名儒俊材置左右。更生以通達能屬文辭，與王褒、張子僑等並進對。……

　　會初立〈穀梁春秋〉，徵更生受〈穀梁〉，講論五經於石渠，復拜為郎中，給事黃門。遷散騎諫大夫，給事中。元帝初即位，太傅蕭望之為前將軍，少傅周堪為諸吏光祿大夫，皆領尚書事，甚見尊任。更生年少於望之、堪，然二人重之。薦更生宗室，忠直明經有行，擢為散騎宗正，給事中。與侍中金敞，拾遺於左右。四人同心輔政。……

　　成帝即位，顯等伏辜，更生乃復進用，更名向。向以故九卿，召拜為中郎，使領護三輔都水。數奏封事，遷光祿大夫。……

　　上方精於詩書，觀古文。詔向領校中五經秘書。向見《尚書‧洪范》箕子為武王陳五行陰陽休咎之應，向乃集合上古以來，歷春秋六國至秦漢符瑞災異之記，推跡行事，連傳禍福，著其占驗，比類相從，各有條目，凡十一篇，號曰《洪範五行傳論》。……

　　向以為王教由內及外，自近者始。故採取詩書所載，賢妃貞婦興國顯家可法則，及孽嬖亂亡者，序次為《列女傳》，凡八篇，以戒天子。及采傳記行事，著〈新序〉、〈說苑〉，凡五十篇，奏之。數上疏言得失，陳法戒。書數十上，以助觀覽，補遺闕。上雖不能盡用，然內嘉其言，常嗟歎之。……

　　向三子皆好學。長子伋，以《易》教授，官至郡守。中子賜九卿丞，蚤卒。少子歆最知名。

──《漢書‧劉向傳》

　　揚雄：字子雲，蜀郡成都人也。……

　　雄少而好學，不為章句訓詁，通而已。博覽無所不見。為人簡易佚蕩，口吃不能劇談。黙而好深湛之思。清靜亡為，少耆欲。……

蜀有司馬相如，作賦甚弘麗溫雅，雄心壯之。每作賦，常擬之以為式。……

雄以為賦者將以風之，必推類而言，極麗靡之辭。閎侈巨衍，競於使人不能加也。既乃歸之於正，然覽者已過矣。往時武帝好神仙，相如上〈大人賦〉，欲以風，帝反縹縹有陵雲之志。由是言之，賦勸而不止，明矣。又頗似俳優淳于髡、優孟之徒，非法度所存。賢人君子，詩賦之正也，於是輟不復為。

故人時有問雄者，常用法應之。撰以為十三卷，象《論語》，號曰《法言》。

贊：（揚雄）以為經莫大於《易》，故作《太玄》。傳莫大於《論語》，作《法言》。……用心於內，不求於外。於時人皆忽之，唯劉歆及范逡敬焉，而桓譚以為絕倫。……

劉歆亦嘗觀之，謂雄曰：「空自苦。今學者有祿利，然尚不能明《易》，又如《玄》何。吾恐後人用覆醬瓿也。」雄笑而不應。

——《漢書・揚雄傳》

鄭眾：字仲師，年十二，從父受《左氏春秋》，精力於學。明三統歷，作《春秋難記條例》，兼通《易》、《詩》，知名於世。……

以明經給事中，再遷越騎司馬，復留給事中。是時北匈奴遣使求和親。八年，顯宗遣眾持節使匈奴。眾至北庭，虜欲令拜，眾不為屈。單于大怒，圍守閉之，不與水火，欲脅服眾。眾拔刀自誓，單于恐而止。……

建初六年，代鄧彪為大司農。是時肅宗議復鹽鐵官，眾諫以為不可。詔數切責，至被奏劾，眾執之不移。帝不從。在位以清正稱。其後受詔作《春秋》，刪十九篇。八年，卒官。

——《後漢書・鄭眾傳》

　　杜子春：河南緱氏人，通〈周官〉。先是秦始皇深惡〈周官〉之書，禁絕不傳。漢武帝時有李氏得之，上於河間獻王，獨闕〈冬官〉一篇。獻王購以千金不得，遂取《考工記》補成一篇奏之。至成帝時，黃門郎劉歆表而出之，〈周禮〉始得列序，著於錄略。子春受業於歆，能通其讀。家於南山，因以教授鄉里。永明初，年已九十，猶能誦識。鄭興、鄭眾、馬融、賈微、賈逵，皆受業焉。眾、逵為發明其說，著〈周禮解〉。後融作〈周官傳〉以授鄭康成，康成作〈周官注〉，皆祖子春云。子春又明《易》。夏曰《連山》，殷曰《歸藏》。子春曰：「《連山》伏羲，《歸藏》黃帝。」當必有所指云。

——朱軾《史傳三編・名儒傳二・漢》

　　賈逵：字景伯，扶風平陵人也。九世祖誼，文帝時為梁王太傅。曾祖父光，為常山太守。宣帝時以吏二千石自洛陽徙焉。父徽，從劉歆受《左氏春秋》，兼習《國語》、〈周官〉，又受《古文尚書》於涂惲，學〈毛詩〉於謝曼卿。作《左氏條例》二十一篇。逵悉傳父業，弱冠能誦《左氏傳》及五經本文，以大夏侯《尚書》教授。雖為古學，兼通五家穀梁之說。自為兒童，常在太學，不通人間事。身長八尺二寸。諸儒為之語曰：「問事不休賈長頭。」性愷悌多智思，俶儻有大節，尤明《左氏傳》、《國語》，為之解詁五十一篇。……

　　肅宗立，降意儒術，特好《古文尚書》、《左氏傳》，建初元年，詔逵入講北宮白虎觀，南宮雲臺。帝善逵說，使出《左氏傳》大義長於二傳者，逵於是具條奏之。……又五經家皆無以證圖讖明劉氏為堯後者，而《左氏》獨有明文。……書奏，帝嘉之，賜布五百匹，衣一襲。令逵自選〈公羊〉嚴顏諸生高才者二十人，教以《左氏》。與簡紙經傳各一通。

　　逵母常有疾，帝欲加賜。以校書例多，特以錢二十萬，使潁陽侯

馬防與之。謂防曰：「賈逵母病。此子無人事於外，屢空，則從孤竹之子於首陽山矣。」逵數為帝言《古文尚書》，與經傳《爾雅》詁訓相應。詔令撰歐陽大小夏侯《尚書》古文同異，逵集為三卷，帝善之。復令撰齊魯韓《詩》與毛氏異同，並作《周官解故》。遷逵為衛士令。八年，乃詔諸儒各選高才生，受《左氏、穀梁春秋》、《古文尚書》、〈毛詩〉，由是四經遂行於世，皆拜逵所選弟子及門生為千乘王國郎。……

逵所著經傳義詁及論難百餘萬言，又作詩頌誄書連珠酒令凡九篇，學者宗之，後世稱為通儒。

——《後漢書・賈逵傳》

馬融：字季長，扶風茂陵人也。將作大匠嚴之子。為人美辭貌，有俊才。初，京兆摯恂以儒術教授，隱於南山，不應徵聘，名重關西。融從其遊學，博通經籍。恂奇融才，以女妻之。永初二年，大將軍鄧騭聞融名，召為舍人，非其好也，遂不應命。客於涼州武都漢陽界中。會羌虜飆起，邊方擾亂，米穀踴貴。自關以西，道殣相望。融既饑困，乃悔而歎息，謂其友人曰：「古人有言，左手據天下之圖，右手刎其喉，愚夫不為。所以然者，生貴於天下也。今以曲俗咫尺之羞，滅無貲之軀，殆非老莊所謂也。」故往應騭召。四年，拜為校書郎中，詣東觀典校秘書。……桓帝時，為南郡太守。先是融有事忤大將軍梁冀旨，冀諷有司奏融在郡貪濁，免官，髡，徙朔方。自刺不殊，得救還，復拜議郎。重在東觀著述，以病去官。

融才高博洽，為世通儒，教養諸生，常有千數。涿郡盧植、北海鄭玄，皆其徒也。善鼓琴，好吹笛。達生任性，不拘儒者之節。居宇器服，多存侈飾。常坐高堂，施絳紗帳，前授生徒，後列女樂。弟子以次相傳，鮮有入其室者。嘗欲訓《左氏春秋》，及見賈逵、鄭眾

注，乃曰，賈君精而不博，鄭君博而不精。既精既博，吾何加焉。但著《三傳異同說》。注《孝經》、《論語》、《詩》、《易》、《三禮》、《尚書》、《列女傳》、《老子》、《淮南子》、〈離騷〉。所著賦頌碑誄書記表奏，七言琴歌，對策遺令，凡二十一篇。

初，融懲於鄧氏，不敢復違忤執家，遂為梁冀草奏李固，又作大將軍〈西第頌〉，以此頗為正直所羞。年八十八，延熹九年卒於家。

——《後漢書・馬融傳》

許慎：字叔重，汝南召陵人也。性淳篤，少博學經籍，馬融常推敬之。時人為之語曰：「五經無雙許叔重。」為郡功曹，舉孝廉，再遷除洨長，卒於家。初，慎以五經傳說臧否不同，於是撰為《五經異義》。又作《說文解字》十四篇，皆傳於世。

——《後漢書・許慎傳》

服虔：服虔字子慎，初名重，又名祇，後改為虔，河南滎陽人也。少以清苦建志。入太學受業，有雅才。善著文論，作《春秋左氏傳解》，行之至今。又以《左傳》駁何休之所駁漢事六十條。舉孝廉，稍遷，中平末，拜九江太守，免。遭亂，行客病卒。所著賦碑誄書記連珠九憤凡十餘篇。

——《後漢書・服虔傳》

何休：字邵公，任城樊人也。父豹，少府。休為人質樸訥口，而雅有心思。精研六經，世儒無及者。以列卿子詔拜郎中，非其好也，辭病而去。不仕州郡，進退必以禮。太傅陳蕃辟之，與參政事。蕃敗，休坐廢錮，乃作《春秋公羊解詁》，覃思不窺門十有七年。又注訓《孝經》、《論語》風角、七分，皆經緯典謨，不與守文同說。又以

《春秋》駁漢事六百餘條，妙得公羊本意。休善曆算，與其師博士羊弼追述李育意，以難二傳。作《公羊墨守》、《左氏膏肓》、《穀梁廢疾》。黨禁解，又辟司徒。群公表休道術深明，宜侍帷幄，幸臣不悅之，乃拜議郎。屢陳忠言，再遷諫議大夫。年五十四，光和五年卒。

——《後漢書・何休傳》

盧植：字子幹，涿郡涿人也。身長八尺二寸，音聲如鐘。少與鄭玄俱事馬融，能通古今。學好研精，而不守章句。融外戚豪家，多列女倡歌舞於前。植侍講積年，未嘗轉眄，融以是敬之。學終辭歸，闔門教授。性剛毅有大節，常懷濟世志，不好辭賦。能飲酒一石。……

熹平四年，九江蠻反。四府選植才兼文武，拜九江太守。蠻寇賓服。以疾去官，作《尚書章句》、《三禮解詁》……

中平元年，黃巾賊起。四府舉植，拜北中郎將，持節，以護烏桓中郎將宗員副，將北軍五校士，發天下諸郡兵征之。連戰破賊帥張角，斬獲萬餘人。角等走保廣宗，植築圍鑿塹，造作雲梯，垂當拔之，帝遣小黃門左豐詣軍觀賊形勢。或勸植以賂送豐，植不肯。豐還，言於帝曰：「廣宗賊易破耳，盧中郎固壘息軍，以待天誅。」帝怒，遂檻車征植，減死罪一等。及車騎將軍皇甫嵩討平黃巾，盛稱植行師方略，嵩皆資用規謀，濟成其功。以其年復為尚書。帝崩，大將軍何進謀誅中官，乃召並州牧董卓，以懼太后。植知卓兇悍難制，必生後患，固止之，進不從。及卓至，果陵虐朝廷。乃大會百官於朝堂，議欲廢立，群僚無敢言，植獨抗議不同。卓怒，罷會，將誅植，語在《卓傳》。

植素善蔡邕。邕前徙朔方，植獨上書請之。邕時見親於卓，故往請植事。又議郎彭伯諫卓曰：「盧尚書海內大儒，人之望也。今先害，天下震怖。」卓乃止，但免植官而已。

植以老病求歸，懼不免禍，乃詭道從轘轅出。卓果使人追之，到懷，不及。遂隱於上谷，不交人事。冀州牧袁紹請為軍師，初平三年卒。臨困敕其子儉葬於土穴，不用棺槨，附體單帛而已。所著碑誄表記凡六篇。建安中，曹操北討柳城，過涿郡，告守令曰：「故北中郎將盧植，名著海內，學為儒宗，士之楷模，國之楨幹也。昔武王入殷，封商容之閭。鄭喪子產，仲尼隕涕。孤到此州，嘉其餘風。《春秋》之義，賢者之後，宜有殊禮。亟遺丞掾除其墳墓，存其子孫，並致薄醊，以彰厥德。」

——《後漢書·盧植傳》

鄭玄： 字康成，北海高密人也。八世祖崇，哀帝時尚書僕射。玄少為鄉嗇夫，得休歸，常詣學官，不樂為吏。父數怒之，不能禁。遂造太學，受業，師事京兆第五元先，始通《京氏易》、《公羊春秋》、《三統曆》、《九章算術》。又從東郡張恭祖受〈周官〉、《禮記》、《左氏春秋》、〈韓詩〉、《古文尚書》。以山東無足問者，乃西入關。因涿郡盧植，事扶風馬融。融門徒四百餘人，升堂進者五十餘生。融素驕貴，玄在門下三年，不得見，乃使高業弟子傳授于玄。玄日夜尋誦，未嘗怠倦。會融集諸生考論圖緯，聞玄善算，乃召見於樓上。玄因從質諸疑義。問畢辭歸，融喟然謂門人曰：「鄭生今去，吾道東矣。」

玄自遊學十餘年，乃歸鄉里。家貧，客耕東萊，學徒相隨已數百千人。及黨事起，乃與同郡孫嵩等四十餘人俱被禁錮，遂隱修經業，杜門不出。時任城何休好公羊學，遂著《公羊墨守》、《左氏膏肓》、《穀梁廢疾》。玄乃《發墨守》、《針膏肓》、《起廢疾》。休見而歎曰：「康成入吾室，操吾矛，以伐我乎。」

初，中興之後，范升、陳元、李育、賈逵之徒爭論古今學。後馬融答北地太守劉瓌，及玄答何休，義據通深，由是古學遂明。……

　　紹乃舉玄茂才，表為左中郎將，皆不就。公車交征，為大司農，給安車一乘。所過長吏送迎，玄乃以病自乞還家。五年春，夢孔子告之曰：「起！起！今年歲在辰，來年歲在巳。」既寤，以讖合之，知命當終。有頃，寢疾。時袁紹與曹操相拒於官渡，令其子譚遣使逼玄隨軍。不得已，載病到元城縣，疾篤不進。其年六月卒，年七十四。遺令薄葬。自郡守以下嘗受業者，縗絰赴會千餘人。門生相與撰玄答諸弟子問五經，依《論語》，作《鄭志》八篇。凡玄所注《周易》、《尚書》、《毛詩》、《儀禮》、《禮記》、《論語》、《孝經》、《尚書》、《大傳》、《中候》、《乾象曆》，又著《天文七政論》、《魯禮禘祫義》、《六藝論》、《毛詩譜》、《駁許慎五經異義》、《答臨孝存周禮難》，凡百餘萬言。

──《後漢書・鄭玄傳》

　　諸葛亮：字孔明，琅邪陽都人也，漢司隸校尉諸葛豐後也。父珪，字君貢，漢末為太山郡丞。亮早孤，從父玄為袁術所署豫章太守，玄將亮及亮弟均之官。會漢朝更選朱皓代玄，玄素與荊州牧劉表有舊，往依之。玄卒，亮躬畊隴畝，好為〈梁父吟〉。身長八尺，每自比於管仲、樂毅，時人莫之許也。惟博陵崔州平、潁川徐庶元直與亮友善，謂為信然。時先主屯新野，徐庶見先主，先主器之。謂先主曰：「諸葛孔明者，臥龍也，將軍豈願見之乎。」先主曰：「君與俱來。」庶曰：「此人可就見，不可屈致也。將軍宜枉駕顧之。」由是先主遂詣亮，凡三往乃見。……

　　章武三年春，先主於永安病篤，召亮於成都，屬以後事。謂亮曰：「君才十倍曹丕，必能安國，終定大事。若嗣子可輔，輔之。如其不才，君可自取。」亮涕泣曰：「臣敢竭股肱之力，効忠貞之節，繼之以死。」先主又為詔敕後主曰：「汝與丞相從事，事之如父。」建興元年，封亮武鄉侯，開府治事。頃之，又領益州牧。政事無巨細，咸決於亮。……

十二年春，亮悉大眾由斜穀出，以流馬運。據武功五丈原，與司馬宣王對於渭南。亮每患糧不繼，使己志不伸。是以分兵屯田，為久住之基。耕者雜於渭濱居民之間，而百姓安堵，軍無私焉。相持百餘日，其年八月，亮疾病，卒於軍。時年五十四。

——《三國志·諸葛亮傳》

王弼：弼幼而察惠。年十餘，好老氏，通辯能言。父業，為尚書郎。時裴徽為吏部郎。弼未弱冠，往造焉。徽一見而異之，問弼曰：「夫無者誠萬物之所資也，然聖人莫肯致言，而老子申之無已者何？」弼曰：「聖人體無，無又不可以訓，故不說也。老子，是有者也。故恒言無所不足。」尋亦為傅嘏所知。於時何晏為吏部尚書，甚奇弼。歎之曰：「仲尼稱後生可畏，若斯人者，可與言天人之際乎！」正始中，黃門侍郎累缺。晏既用賈充、裴秀、朱整，又議用弼。時丁謐與晏爭衡，致高邑王黎於曹爽，爽用黎。於是以弼補臺郎。初除，覲爽，請間。爽為屏左右，而弼與論道移時，無所他及。爽以此嗤之。時爽專朝政，黨與共相進用，弼通儁，不治名高。尋黎無幾時病亡，爽用王沈代黎，弼遂不得在門下。晏為之歎恨。

弼在臺既淺，事功亦雅非所長，益不留意焉。淮南人劉陶善論縱橫，為當時所稱。每與弼語，嘗屈弼。弼天才卓出，當其所得，莫能奪也。性和理，樂游宴，解音律，善投壺。其論道附會文辭，不如何晏。自然有所拔得，多晏也。頗以所長笑人，故時為士君子所疾。弼與鍾會善。會論議以校練為家，然每服弼之高致。何晏以為聖人無喜怒哀樂，其論甚精。鍾會等述之，弼與不同。以為聖人茂於人者，神明也。同於人者，五情也。神明茂，故能體沖和以通無。五情同，故不能無哀樂以應物。然則聖人之情，應物而無累於物者也。今以其無累，便謂不復應物，失之多矣。

弼注《易》，潁川人荀融難弼大衍義，弼答其意，白書以戲之曰：「夫明足以尋極幽微，而不能去自然之性。顏子之量，孔父之所預在。然遇之不能無樂，喪之不能無哀。又常狹斯人，以為未能以情從理者也。而今乃知自然之不可革，是足下之量，雖已定乎胸懷之內，然而隔逾旬朔，何其相思之多乎。故知尼父之于顏子，可以無大過矣。」弼注《老子》，為之《指略》，致有理統。著《道略論》，注《易》，往往有高麗言。

太原王濟好談，病老莊。嘗云見弼《易注》，所悟者多。然弼為人，淺而不識物情。初與王黎、荀融善。黎奪其黃門郎，於是恨黎。與融亦不終。正始十年，曹爽廢，以公事免。其秋遇癘疾，亡。時年二十四。無子，絕嗣。弼之卒也，晉景王聞之，嗟歎者累日。其為高識所惜如此。

——何劭《王弼傳》

王肅：字子雍，年十八，從宋忠讀《太玄》而更為之解。黃初中，為散騎黃門侍郎。太和三年，拜散騎常侍。……後肅以常侍領秘書監，兼崇文觀祭酒。……

帝又問：「司馬遷以受刑之故，內懷隱切，著《史記》非貶孝武，令人切齒。」對曰：「司馬遷記事，不虛美，不隱惡。劉向、楊雄服其善敍事，有良史之才，謂之實錄。漢武帝聞其述《史記》，取孝景及已本紀覽之，於是大怒，削而投之。」於今此兩記有錄無書。後遭李陵事，遂下遷蠶室。此為隱切在孝武，而不在於史遷也。

正始元年，出為廣平太守。公事征還，拜議郎。頃之，為侍中，遷太常。……後遷中領軍加散騎常侍，增邑三百，並前二千二百戶。甘露元年薨，門生縗絰者以百數。追贈衛將軍，謐曰景侯。……

初，肅善賈馬之學，而不好鄭氏。采會同異，為《尚書、詩、論

語、三禮、左氏解》，及撰定父朗所作《易傳》，皆列於學官。其所論駁朝廷典制、郊祀宗廟、喪紀輕重，凡百餘篇。時樂安孫叔然授學鄭玄之門人，稱東州大儒，徵為秘書監，不就。肅集《聖證論》以譏短玄，叔然駁而釋之，及作《周易、春秋例》、《毛詩》、《禮記》、《春秋三傳》、《國語》、《爾雅》諸注，又著書十餘篇。

——《晉書·王肅傳》

　　杜預：字元凱，京兆杜陵人也。祖畿，魏尚書僕射。父恕，幽州刺史。預博學，多通明於興廢之道。常言德不可以企及，立功立言可庶幾也。……鍾會伐蜀，以預為鎮西長史。及會反，僚佐並遇害，唯預以智獲免。增邑千一百三十戶，與車騎將軍賈充等定律令。既成，預為之注解。……

　　時帝密有滅吳之計，而朝議多違，唯預、羊祜、張華與帝意合。祜病，舉預自代。因以本官假節，行平東將軍，領征南軍司。及祜卒，拜鎮南大將軍，都督荊州諸軍事。……孫皓既平，振旅凱入，以功進爵當陽縣侯，增邑並前九千六百戶，封子耽為亭侯，千戶，賜絹八千匹。……

　　預好為後世名。常言高岸為谷，深谷為陵。刻石為二碑，紀其勳績。一沉萬山之下，一立峴山之上。曰：「焉知此後不為陵谷乎。」預身不跨馬，射不穿札。而每任大事，輒居將率之列。結交接物，恭而有禮。問無所隱，誨人不倦。敏於事而慎於言。既立功之後，從容無事，乃耽思經籍，為《春秋左氏經傳集解》。又參考眾家譜第，謂之《釋例》。又作《盟會圖》、《春秋長歷》，備成一家之學。比老乃成。又撰《女記讚》，當時論者謂預文義質直，世人未之重。唯秘書監摯虞賞之，曰：「左丘明本為《春秋》作傳，而《左傳》遂自孤行。《釋例》本為傳設，而所發明何但《左傳》，故亦孤行。」時王濟

解相馬，又甚愛之。而和嶠頗聚斂。預常稱濟有馬癖，嶠有錢癖。武帝聞之，謂預曰：「卿有何癖？」對曰：「臣有《左傳》癖。」……其後徵為司隸校尉，加位特進，行次鄧縣而卒，時年六十三，帝甚歎悼。追贈征南大將軍，開府儀同三司，諡曰成。

——《晉書・杜預傳》

范寧：寧字武子，少篤學，多所通覽。簡文帝為相，將辟之，為桓溫所諷，遂寢不行。故終溫之世，兄弟無在列位者。時以浮虛相扇，儒雅日替。寧以為其源始於王弼、何晏，二人之罪深於桀紂。……在職六年，遷臨淮太守，封陽遂鄉侯。頃之，徵拜中書侍郎。在職多所獻替，有益政道。……

初，寧之出，非帝本意。故所啟多合旨。寧在郡又大設庠序，遣人往交州采磐石以供學用。改革舊制，不拘常憲。遠近至者千餘人，資給眾費，一出私錄。並取郡四姓子弟皆充學生，課讀五經。又起學臺，功用彌廣。……

既免官，家於丹陽，猶勤經學，終年不輟。年六十三，卒於家。初，寧以《春秋穀梁氏》未有善釋，遂沉思積年，為之集解。其義精審，為世所重。既而徐邈復為之注，世亦稱之。

——《晉書・范寧傳》

王通：文中子王氏諱通，字仲淹。……文中子始生，銅川府君筮之，遇坤之師，獻兆於安康獻公。獻公曰：「素王之卦也，何為而來？地二化為天一，上德而居下位，能以眾正，可以王矣。雖有君德，非其時乎？是子必能通天下之志。」遂名之曰通。

開皇九年，江東平。銅川府君歎曰：「王道無敘，天下何為而一乎。」文中子侍側，十歲矣。有憂色，曰：「通聞古之為邦，有長久

之策。故夏殷以下數百年，四海常一統也。後之為邦，行苟且之政，故魏晉以下數百年，九州無定主也。上失其道，民散久矣。一彼一此，何常之有！」夫子之歎，蓋憂皇綱不振，生人勞於聚斂，而天下將亂乎。銅川府君異之，曰：「其然乎。」遂告以《元經》之事，文中子再拜受之。……

仁壽三年，文中子冠矣，慨然有濟蒼生之心。西游長安，見隋文帝。帝坐太極殿召見，因奏《太平策》十有二策，尊王道，推霸略，稽今驗古，恢恢乎運天下於指掌矣。帝大悅，曰：「得生幾晚矣。天以生賜朕也。」下其議於公卿，公卿不悅。時將有蕭牆之釁。文中子知謀之不用也，作〈東征之歌〉而歸。……四年，帝崩。大業元年，一徵，又不至，辭以疾。……

乃續詩書，正禮樂，修《元經》，贊易道，九年而六經大就。門人自遠而至。河南董常、太山姚義、京兆杜淹、趙郡李靖、南陽程元、扶風竇威、河東薛收、中山賈瓊、清河房玄齡、鉅鹿魏徵、太原溫大雅、潁川陳叔達等，咸稱師，北面受王佐之道焉。如往來受業者，不可勝數，蓋千餘人。隋季，文中子之教興於河汾，雍雍如也。大業十年，尚書召署蜀郡司戶，不就。十一年，以著作郎國子博士徵，並不至。十三年，江都難作。子有疾，召薛收謂曰：「吾夢顏回稱孔子之命曰，歸休乎。殆夫子召我也，何必永厥齡，吾不起矣。」寢疾七日而終。

門弟子數百人會議曰：「吾師，其至人乎。自仲尼已來，未之有也。禮，男子生有字，所以昭德。死有謚，所以易名。夫子生當天下亂，莫予宗之。故續詩書，正禮樂，修《元經》，贊易道。聖人之大旨，天下之能事畢矣。仲尼既沒，文不在茲乎。《易》曰黃裳元吉。文在中也。請謚曰文中子。」

　　　　　　　　　　　　　　　——杜淹《文中子世家》

所謂文中子者，實有其人。所謂《中說》者，其子福郊、福畤等纂述遺言，虛相夸飾。亦實有其書。第當有唐開國之初，明君碩輔不可以虛名動。又陸德明、孔穎達、賈公彥諸人，老師宿儒，布列館閣，亦不可以空談惑。故其人其書皆不著於當時。而當時亦無斥其妄者。至中唐以後，漸遠無徵，稍稍得售其欺耳。宋咸必以為實無其人，洪邁必以為其書出阮逸所撰，誠為過當。講學家或竟以為接孔顏之傳，則惑之甚矣。

——《四庫總目・文中子》

陸贄：字敬輿，蘇州嘉興人。十八第進士，中博學宏辭。⋯⋯德宗立，遣黜陟使庾何等十一人行天下。贄說使者，請以五術省風俗，八計聽吏治，三科登儁乂，四賦經財實，六德保罷瘵，五要簡官事。⋯⋯帝不納。後涇師急變，贄言皆效。

從狩奉天，機務填總，遠近調發，奏請報下，書詔日數百。贄初若不經思，逮成皆周盡事情。衍繹執復，人人可曉。旁吏承寫不給，它學士筆閣不得下，而贄沛然有餘。始，帝倉卒變故，每自克責。贄曰：「陛下引咎，堯舜意也。然致寇者乃群臣罪。」贄意指盧杞等，帝護杞，因曰：「卿不忍歸過朕，有是言哉。然自古興衰，其亦有天命乎。今之厄運，恐不在人也。」贄退而上書曰：「⋯⋯陛下雖有股肱之臣，耳目之佐，見危不能竭誠，臨難不能效死，是則群臣之罪也。陛下方以興衰諉之天命，亦過矣。《書》曰：天視自我民視，天聽自我民聽。則天所視聽，皆因於人。非人事外自有天命也。紂之辭曰，我生不有命在天。此舍人事推天命，必不可之理也。《易》曰『自天佑之』，仲尼以謂佑者，助也。天之所助者順也，人之所助者信也。履信思於順，是以佑之。《易》論天人佑助之際，必先履行，而吉凶之報象焉。此天命在人，蓋昭昭矣。人事治而天降亂，未之有也。人事亂而天降康，亦未之有也。⋯⋯」

帝又問贊事切於今者。贊勸帝，群臣參日，使極言得失。若以軍務對者，見不以時，聽納無倦。兼天下之智，以為聰明。帝曰：「朕豈不推誠，然顧上封者，惟譏斥人短長，類非忠直。往謂君臣一體，故推信不疑。至憸人賣為威福，今茲之禍，推誠之敝也。」……贊因是極諫曰：「昔人有因噎而廢食者，又有懼溺而自沈者。其為防患不亦過哉。願陛下鑒之。毋以小虞而妨大道也。臣聞人之所助在信，信之所本在誠。一不誠，心莫之保。一不信，言莫之行。故聖人重焉。傳曰，誠者物之終始，不誠無物。物者，事也。言不誠即無所事矣。匹夫不誠，無復有事，況王者賴人之誠以自固，而可不誠於人乎。」……

贊孤立一意，為左右權幸沮短，又言事無所回諱，陰失帝意。久之不得宰相。還京，但為中書舍人。……天下屬以為相，而竇參素不平，忌之。贊亦數言參罪失。貞元七年，罷學士，以兵部侍郎知貢舉。明年參黜，乃以中書侍郎同中書門下平章事。……俄而延齡奸佞得君，天下仇惡無敢言。贊上書苦諫，帝不懌，竟以太子賓客罷。……順宗立，召還。詔未至，卒，年五十二。贈兵部尚書，諡曰宣。

——《新唐書·陸贄傳》

韓愈：字退之，鄧州南陽人。……愈生三歲而孤，隨伯兄會貶官嶺表。會卒，嫂鄭鞠之。愈自知讀書，日記數千百言，比長，盡能通六經百家學。擢進士第。會董晉為宣武節度使，表署觀察推官。晉卒，愈從喪出。不四日，汴軍亂，乃去，依武寧節度使張建封。建封辟府推官。操行堅正，鯁言無所忌。調四門博士，遷監察御史。上疏極論宮市，德宗怒，貶陽山令。有愛在民，民生子，多以其姓字之。改江陵法曹參軍。元和初，權知國子博士。……既才高，數黜官，又下遷，乃作〈進學解〉以自喻。……執政覽之，奇其才，改比部郎中，史館修撰，轉考功知制誥，進中書舍人。

　　初，憲宗將平蔡，命御史中丞裴度使諸軍按視。及還，且言賊可滅，與宰相議不合。愈亦奏言淮西連年修器械防守，金帛糧畜耗於給賞。執兵之卒四向侵掠，農夫織婦餉於其後，得不償費。比聞畜馬皆上槽櫪，此譬有十夫之力，自朝抵夕，跳躍叫呼，勢不支，久必自委頓。當其已衰，三尺童子可制其命，況以三州殘弊困劇之餘，而當天下全力，其敗可立而待也。」……及度以宰相節度彰義軍，宣慰淮西，奏愈行軍司馬。愈請乘遽先入汴，說韓弘，使協力。元濟平，遷刑部侍郎。

　　憲宗遣使者往鳳翔迎佛骨入禁中三日，乃送佛祠。王公士人奔走膜唄，至於夷法灼體膚，委珍貝，騰沓繫路。愈聞惡之，乃上表曰：「佛者，夷狄之一法耳。……臣雖至愚，必知陛下不惑於佛，作此崇奉以祈福祥也。直以豐年之樂，徇人之心，為京都士庶設詭異之觀，戲玩之具耳。安有聖明若此，而肯信此等事哉。……乞以此骨付之水火，永絕根本，斷天下之疑，絕前代之惑。使天下之人知大聖人之所作為，出於尋常萬萬也。佛如有靈，能作禍祟，凡有殃咎，宜加臣身。上天鑒臨，臣不怨悔。」表入，帝大怒，持示宰相，將抵以死。裴度、崔群曰：「愈言訐牾，罪之誠宜。然非內懷至忠，安能及此。願少寬假，以來諫爭。」帝曰：「愈言我奉佛太過，猶可容。至謂東漢奉佛以後，天子咸夭促，言何乖剌耶。愈人臣，狂妄敢爾，固不可赦。」於是中外駭懼。雖戚里諸貴亦為愈言，乃貶潮州刺史。……袁人以男女為隸，過期不贖，則沒入之。愈至，悉計庸得贖所沒歸之父母七百餘人。因與約，禁其為隸。召拜國子祭酒，轉兵部侍郎。

　　鎮州亂，殺田弘正而立王庭湊。詔愈宣撫。既行，眾皆危之。元稹言：「韓愈可惜。」穆宗亦悔，詔愈度事從宜，無必入。愈至，庭湊嚴兵迓之，甲士陳廷。既坐，庭湊曰：「所以紛紛者，乃此士卒也。」愈大聲曰：「天子以公為有將帥材，故賜以節。豈意同賊反

耶。」語未終，士前奮曰：「先太師為國擊朱滔，血衣猶在。此軍何負，乃以為賊乎。」愈曰：「以為爾不記先太師也。若猶記之，固善。天寶以來，安祿山、史思明、李希烈等，有子若孫在乎，亦有居官者乎。」眾曰：「無。」愈曰：「田公以魏博六州歸朝廷，官中書令。父子受旗節。劉悟、李佑皆大鎮，此爾軍所共聞也。」眾曰：「弘正刻，故此軍不安。」愈曰：「然爾曹亦害田公，又殘其家矣。復何道。」眾歡曰：「善。」庭湊慮眾變，疾麾使去。……愈歸奏其語，帝大悅，轉吏部侍郎。……長慶四年卒，年五十七，贈禮部尚書，諡曰文。

愈性明銳，不詭隨。與人交，始終不少變。成就後進，士往往知名。經愈指授，皆稱韓門弟子。愈官顯，稍謝遣。凡內外親，若交友無後者，為嫁遣孤女而恤其家。嫂鄭喪，為服期以報。每言文章自漢司馬相如、太史公、劉向、揚雄後，作者不世出。故愈深探本元，卓然樹立，成一家言。其〈原道〉、〈原性〉、〈師說〉等數十篇，皆奧衍閎深，與孟軻、揚雄相表裡，而佐佑六經云。至它文造端置辭，要為不襲蹈前人者，然惟愈為之沛然若有餘。至其徒李翱、李漢、皇甫湜從而效之，遽不及遠甚。從愈游者，若孟郊、張籍，亦皆自名於時。

——《新唐書·韓愈傳》

第二節　宋元明清優秀儒者

范仲淹：字希文，唐宰相履冰之後。其先邠州人也。後徙家江南，遂為蘇州吳縣人。仲淹二歲而孤，母更適長山朱氏，從其姓，名說。少有志操。既長，知其世家，乃感泣辭母，去之應天府，依戚同文學，晝夜不息。冬月憊甚，以水沃面，食不給，至以糜粥繼之。人不能堪，仲淹不苦也。舉進士第，為廣德軍司理參軍，迎其母歸養。

改集慶軍節度推官。始還姓，更其名，監泰州西溪鹽稅，遷大理寺丞，徙監楚州糧料院。母喪去官。晏殊知應天府，聞仲淹名，召置府學。上書請擇郡守，舉縣令，斥游惰，去冗僧，慎選舉，撫將帥。凡萬餘言。服除，以殊薦，為秘閣校理。仲淹泛通六經，長於《易》，學者多從質問，為執經講解，亡所倦。嘗推其奉以食四方游士諸子，至易衣而出，仲淹晏如也。每感激論天下事，奮不顧身。一時士大夫矯屬尚風節，自仲淹倡之。……

仲淹在饒州歲餘，徙潤州，又徙越州。元昊反，召為天章閣待制，知永興軍，改陝西都轉運使。會夏竦為陝西經略安撫招討使，進仲淹龍圖閣直學士以副之。……改邠州觀察使。……復置陝西路安撫經略招討使，以仲淹、韓琦、龐籍分領之。仲淹與琦開府涇州，而徙彥博帥秦，宗諒帥慶，張亢帥渭。仲淹為將，號令明白，愛撫士卒。諸羌來者，推心接之不疑，故賊亦不敢輒犯其境。元昊請和，召拜樞密副使。王舉正儒默不任事，諫官歐陽修等言，仲淹有相材，請罷舉正，用仲淹，遂改參知政事。……

帝方銳意太平，數問當世事。仲淹語人曰：「上用我至矣。事有先後，久安之弊，非朝夕可革也。」帝再賜手詔，又為之開天章閣，召二府條對。仲淹皇恐，退而上十事。……章得象等皆曰：「不可久之。」乃命參知政事賈昌朝領農田，仲淹領刑法，然卒不果行。……

以疾請鄧州，進給事中，徙荊南。鄧人遮使者，請留。仲淹亦願留鄧，許之。尋徙杭州，再遷戶部侍郎。徙青州。會病甚，請潁州，未至而卒，年六十四。贈兵部尚書，諡文正。

——《宋史・范仲淹傳》

歐陽修：字永叔，廬陵人。四歲而孤。母鄭守節自誓，親誨之學。家貧，至以荻畫地學書。幼敏悟過人，讀書輒成誦。及冠，嶷然

有聲。宋興且百年，而文章體裁猶仍五季餘習，鏤刻駢偶，渙忍弗振。士因陋守舊，論卑氣弱。蘇舜元、舜欽，柳開、穆修輩，咸有意作而張之，而力不足。修游隨，得唐韓愈遺稿於廢書簏中，讀而心慕焉，苦志探賾，至忘寢食，必欲並轡絕馳而追與之並。舉進士，試南宮第一。擢甲科，調西京推官。始從尹洙遊，為古文，議論當世事，迭相師友。與梅堯臣遊，為歌詩相倡和，遂以文章名冠天下。入朝為館閣校勘。……

慶曆三年，知諫院時，仁宗更用大臣，杜衍、富弼、韓琦、范仲淹皆在位。增諫官員，用天下名士。修首在選中。每進見，帝延問執政，諮所宜行。既多所張弛，小人翕翕不便。修慮善人必不勝，數為帝分別言之。……

知嘉祐二年貢舉時，士子尚為險怪奇澀之文，號太學體。修痛排抑之。凡如是者，輒黜。畢事，向之囂薄者伺修出，聚噪於馬首，街邏不能制。然場屋之習從是遂變。加龍圖閣學士，知開封府。承包拯威嚴之後，簡易循理，不求赫赫名，京師亦治。旬月，改群牧使。《唐書》成，拜禮部侍郎，兼翰林侍讀學士。……

五年，拜樞密副使。六年，參知政事。修在兵府，與曾公亮考天下兵數，及三路屯戍多少，地里遠近，更為圖籍。凡邊防久缺屯戍者，必加搜補。其在政府，與韓琦同心輔政。凡兵民官吏財利之要，中書所當知者，集為總目。遇事不復求之有司。……

修以風節自持。既數被污蔑，年六十，即連乞謝事。帝輒優詔弗許。及守青州，又以請止散青苗錢，為安石所詆。故求歸愈切。熙寧四年，以太子少師致仕。五年，卒。贈太子太師，諡曰文忠。

修始在滁州，號醉翁。晚更號六一居士。天資剛勁，見義勇為。雖機阱在前觸發之，不顧。放逐流離，至於再三，志氣自若也。

——《宋史·歐陽修傳》

　　韓琦：字稚圭，相州安陽人。父國華，自有傳。琦風骨秀異，弱冠舉進士，名在第二。方唱名，太史奏：「日下五色云見。」左右皆賀。授將作監丞，通判淄州，入直集賢院，監左藏庫。時方貴高科，多徑去為顯職。琦獨滯筦庫，眾以為非宜，琦處之自若。……

　　趙元昊反，琦適自蜀歸。論西師形勢甚悉，即命為陝西安撫使。劉平與賊戰敗，為所執。時宰入他誣，收係平子弟。琦辨直其寃，進樞蜜直學士，副夏竦，為經略安撫招討使。詔遣使督出兵，琦亦欲先發以制賊，而合府固爭。元昊遂寇鎮戎。琦畫攻守二策，馳入奏。仁宗欲用攻策，執政者難之。……知秦州，尋復之。會四路置帥，以琦兼秦鳳經略招討安撫使。慶曆二年，與三帥皆換，觀察使范仲淹、龐籍、王沿不肯拜，琦獨受不辭。未幾，還舊職，為陝西四路經略安撫招討使，屯涇州。琦與范仲淹在兵間久，名重一時，人心歸之。朝廷倚以為重，故天下稱為韓范。……

　　嘉祐元年，召為三司使。未至，迎拜樞密使。三年六月，拜同中書門下平章事，集賢殿大學士。六年閏八月，遷昭文館大學士，監修國史，封儀國公。……

　　八年，換節永興軍再任，未拜而薨，年六十八。前一夕，大星隕於治所，櫪馬皆驚。帝發哀苑中，哭之慟，輟朝三日，賜銀三千兩。絹三千匹，發兩河，卒為治塚。篆其碑曰：兩朝顧命，定策元勳。贈尚書令，諡曰忠獻，配享英宗廟庭。

——《宋史・韓琦傳》

　　胡瑗：字翼之，泰州海陵人，以經術教授吳中。年四十餘，景佑初，更定雅樂，詔求知音者。范仲淹薦瑗，白衣對崇政殿，與鎮東軍節度推官阮逸，同較鐘律，分造鐘磬各一虡。以一黍之廣為分，以制尺。律徑三分四釐六毫四絲，圍十分三釐九毫三絲。又以大黍累尺，

小黍實龠。丁度等以為非古制，罷之。授瑗試秘書省校書郎。范仲淹經略陝西，辟丹州推官，以保寧節度推官教授湖州。瑗教人有法，科條纖悉備具，以身先之。雖盛暑，必公服坐堂上，嚴師弟子之禮。視諸生如其子弟，諸生亦信愛如其父兄。從之游者常數百人。慶曆中，興太學，下湖州，取其法著為令。……嘉祐初，擢太子中允。天章閣侍講，仍治太學。既而疾，不能朝，乙太常博士致仕，歸老於家。諸生與朝士祖餞東門外，時以為榮。既卒，詔購其家。

——《宋史‧胡瑗傳》

王安石：字介甫，撫州臨川人。父益，都官員外郎。安石少好讀書，一過目，終身不忘。其屬文，動筆如飛。初若不經意，既成，見者皆服其精妙。友生曾鞏攜以示歐陽修，修為之延譽，擢進士上第，簽書淮南判官。舊制，秩滿，許獻文求試館職，安石獨否。再調知鄞縣，起堤堰，決陂塘，為水陸之利。貸穀與民，立息以償。俾新陳相易，邑人便之。……安石議論高奇，能以辨博濟其說，果於自用，慨然有矯世變俗之志。於是上萬言書，以為今天下之財力日以困窮，風俗日以衰壞，患在不知法度，不法先王之政故也。……

熙寧元年四月，始造朝入對。帝問為治所先，對曰：「擇術為先。」帝曰：「唐太宗何如？」曰：「陛下當法堯舜，何以太宗為哉？堯舜之道，至簡而不煩，至要而不迂，至易而不難。但末世學者不能通知，以為高不可及爾。」……

上問：「然則卿所施設以何先？」安石曰：「變風俗，立法度，正方今之所急也。」上以為然。於是設制置三司條例，勾令判知樞密院事。陳升之同領之。安石令其黨呂惠卿預其事，而農田水利、青苗、均輸、保甲、免役、市易、保馬、方田諸役相繼並興，號為新法。……

靈臺郎尤瑛言，天久陰，星失度，宜退安石。即黜隸英州。唐坰本以安石引薦為諫官，因請對，極論其罪，謫死。文彥博言市易與下爭利，致華嶽山崩。安石曰：「華山之變殆天意，為小人發。市易之起，自為細民久困，以抑兼併爾，於官何利焉。」閟其奏，出彥博守魏。……

鄭俠上疏，繪所見流民扶老攜幼困苦之狀，為圖以獻。曰：「旱由安石所致。去安石，天必雨。」俠又坐竄嶺南。慈聖、宣仁二太后流涕謂帝曰：「安石亂天下。」帝亦疑之，遂罷為觀文殿大學士，知江陵府。……

八年二月，復拜相。安石承命，即倍道來。三經義成，加尚書左僕射兼門下侍郎，以子雱為龍圖閣直學士。……

安石之再相也，屢謝病求去。及子雱死，尤悲傷不堪，力請解機務。上益厭之，罷為鎮南軍節度使，同平章事，判江寧府。明年，改集禧觀使，封舒國公。屢乞還將相印。元豐三年，復拜左僕射觀文殿大學士，換特進，改封荊。哲宗立，加司空。元祐元年卒，年六十八，贈太傅。紹聖中，諡曰文，配享神宗廟庭。崇寧三年，又配食文宣王廟，列於顏孟之次，追封舒王。欽宗時，楊時以為言，詔停之。高宗用趙鼎、呂聰問言，停宗廟配享，削其王封。

初，安石訓釋《詩》、《書》、《周禮》既成，頒之學官，天下號曰「新義」。晚居金陵，又作《字說》，多穿鑿傅會。其流入於佛老，一時學者無敢不傳習。主司純用以取士，士莫得自名一說。先儒傳注，一切廢不用。黜《春秋》之書，不使列於學官，至戲目為斷爛朝報。……

安石性強忮，遇事無可否，自信所見，執意不回。至議變法，而在廷交執不可。安石傅經義，出己意，辯論輒數百言，眾不能詘。甚者謂「天變不足畏，祖宗不足法，人言不足恤。」罷黜中外老成人幾

盡，多用門下儇慧少年。久之，以旱引去。洎復相，歲餘罷。終神宗
世，不復召，凡八年。子雱。

──《宋史・王安石傳》

王雱：雱字元澤，為人慓悍陰刻，無所顧忌。性敏甚。未冠，已
著書數萬言。年十三，得秦卒言洮河事，歎曰：「此可撫而有也。使
西夏得之，則吾敵強而邊患博矣。」其後王韶開熙河，安石力主其
議，蓋兆於此。舉進士，調旌德尉。

雱氣豪，睥睨一世，不能作小官。作策二十餘篇，極論天下事。
又作《老子訓傳》及佛書義解，亦數萬言。……

安石更張政事，雱實導之。常稱商鞅為豪傑之士，言不誅異議
者，法不行。安石與程顥語，雱囚首跣足，攜婦人，冠以出。問父所
言何事，曰：「以新法數為人所阻，故與程君議。」雱大言曰：「梟韓
琦、富弼之頭於市，則法行矣。」安石遽曰：「兒誤矣。」卒時才三
十三，特贈左諫議大夫。

──《宋史・王雱傳》

周敦頤：字茂叔，道州營道人。元名敦實，避英宗舊諱改焉。以
舅龍圖閣學士鄭向，任為分寧主簿。有獄久不決，敦頤至，一訊立辨。
邑人驚曰，老吏不如也。部使者薦之，調南安軍司理參軍。有囚法不
當死，轉運使王逵欲深治之。逵，酷悍吏也。眾莫敢爭。敦頤獨與之
辨，不聽，乃委手版歸，將棄官去。曰：「如此尚可仕乎。殺人以媚
人，吾不為也。」逵悟，囚得免。移郴之桂陽令，治績尤著。……

著《太極圖》，明天理之根源，究萬物之終始。……又著《通
書》四十篇，發明太極之蘊。序者謂其言約而道大，文質而義精。得
孔孟之本源，大有功於學者也。掾南安時，程珦通判軍事，視其氣貌

非常人。與語，知其為學知道，因與為友。使二子顥、頤往受業焉。敦頤每令尋孔顏樂處，所樂何事。二程之學，源流乎此矣。故顥之言曰：「自再見周茂叔後，吟風弄月以歸，有吾與點也之意。」侯師聖學於程頤，未悟，訪敦頤。敦頤曰：「吾老矣，說不可不詳。」留對榻夜談，越三日乃還。頤驚異之曰：「非從周茂叔來耶。」其善開發人，類此。嘉定十三年，賜諡曰元公。淳祐元年，封汝南伯，從祀孔子廟庭。

——《宋史・周敦頤傳》

邵雍：字堯夫……北海李之才攝共城令，聞雍好學，嘗造其廬，謂曰：「子亦聞物理性命之學乎？」雍對曰：「幸受教。」乃事之才，受河圖、洛書，宓羲八卦，六十四卦圖像。之才之傳，遠有端緒，而雍探賾索隱，妙悟神契，洞徹蘊奧，汪洋浩博，多其所自得者。及其學益老，德益邵。玩心高明，以觀夫天地之運化，陰陽之消長，遠而古今世變，微而走飛草木之性情，深造曲暢，庶幾所謂不惑，而非依仿象類，億則屢中者。遂衍宓羲先天之旨，著書十餘萬言，行於世。然世之知其道者，鮮矣。……

熙寧十年卒，年六十七，贈秘書省著作郎。元祐中，賜諡康節。

——《宋史・邵雍傳》

司馬光：字君實，陝州夏縣人也。父池，天章閣待制。光生七歲，凜然如成人。聞講《左氏春秋》，愛之，退為家人講，即了其大指。自是手不釋書，至不知饑渴寒暑。群兒戲於庭，一兒登甕，足跌沒水中。眾皆棄去，光持石擊甕，破之。水迸，兒得活。其後京洛間畫以為圖。仁宗寶元初，中進士甲科。……

丁內外艱，執喪累年，毀瘠如禮。服除，簽書武成軍判官事，改

大理評事，補國子直講，樞密副使。龐籍薦為館閣校勘，同知禮院。……

上疏論修心之要三，曰仁曰明曰武。治國之要三，曰官人曰信賞曰必罰。其說甚備。且曰：「臣獲事三朝，皆以此六言獻。平生力學所得，盡在是矣。」……

光常患歷代史繁，人主不能遍覽。遂為《通志》八卷以獻，英宗悅之。命置局秘閣，續其書。至是神宗名之曰《資治通鑑》，自制序授之，俾日進讀。……

百官上尊號，光當答詔，言：「先帝親郊，不受尊號。末年有獻議者，謂國家與契丹往來通信，彼有尊號，我獨無。於是復以非時奉冊。昔匈奴冒頓，自稱天地所生日月所置匈奴大單于。不聞漢文帝復為大名以加之也。願追述先帝本意，不受此名。」帝大悅，手詔獎光，使善為答辭，以示中外。……

《資治通鑑》未就，帝尤重之，以為賢於荀悅《漢紀》，數促使終篇，賜以潁邸。舊書二千四百卷。及書成，加資政殿學士。凡居洛陽十五年，天下以為真宰相。……

光自見言行計從，欲以身徇社稷。躬親庶務，不舍晝夜。賓客見其體羸，舉諸葛亮食少事煩以為戒。光曰：「死生，命也。」為之益力。病革，不復自覺，諄諄如夢中語，然皆朝廷天下事也。是年九月薨，年六十八。太皇太后聞之慟，與帝即臨其喪。明堂禮成，不賀，贈太師溫國公，襚以一品禮服，賻銀絹七千。

　　　　　　　　　　　　　　　　　——《宋史·司馬光傳》

張載：字子厚，長安人。少喜談兵，至欲結客取洮西之地。年二十一，以書謁范仲淹，一見知其遠器，乃警之曰：「儒者自有名教可樂，何事於兵。」因勸讀《中庸》。載讀其書，猶以為未足。又訪諸

釋老，累年究極其說。知無所得，反而求之六經。嘗坐虎皮講《易》，京師聽從者甚眾。一夕，二程至，與論《易》。次日語人曰：「比見二程深明易道，吾所弗及。汝輩可師之。」撤坐輟講，與二程語道學之要，渙然自信曰：「吾道自足，何事旁求。」於是盡棄異學，淳如也。舉進士，為祁州司法參軍，云巖令。政事以敦本善俗為先。……

與諸生講學，每告以知禮成性，變化氣質之道。學必如聖人而後已。以為知人而不知天，求為賢人而不求為聖人，此秦漢以來學者大蔽也。故其學尊禮貴德，樂天安命。以《易》為宗，以《中庸》為體，以孔孟為法。黜怪妄，辨鬼神，其家昏喪葬祭，率用先王之意，而傳以今禮。又論定井田宅里發斂學校之法，皆欲條理成書，使可舉而措諸事業。……

知太常禮院，與有司議禮不合，復以疾歸。中道疾甚，沐浴更衣而寢。旦而卒。貧無以斂，門人共買棺，奉其喪還。翰林學士許將等言其恬於進取，乞加贈恤詔。賜館職半賻。

載學古力行，為關中士人宗師。世稱為橫渠先生。著書號《正蒙》，又作《西銘》。……

嘉定十三年，賜諡曰明公。淳祐元年，封郿伯，從祀孔子廟庭。

——《宋史‧張載傳》

程顥：字伯淳，世居中山。後從開封徙河南。……顥舉進士，調鄠上元主簿。……為晉城令。……民以事至縣者，必告以孝弟忠信。入所以事其父兄，出所以事其長上。……在縣三歲，民愛之如父母。熙寧初，用呂公著薦，為太子中允，監察御史里行。……特遷太常丞。帝又欲使修三經義，執政不可，命知扶溝縣。……宗立召為宗正丞。未行而卒，年五十四。

顥資性過人，充養有道。和粹之氣，盎於面背。門人交友，從之數十年，亦未嘗見其忿厲之容。遇事優為，雖當倉卒，不動聲色。自十五六時，與弟頤聞汝南周敦頤論學，遂厭科舉之習，慨然有求道之志。氾濫於諸家，出入於老釋者幾十年。返求諸六經，而後得之。秦漢以來，未有臻斯理者。教人自致知至於知止，誠意至於平天下。……

嘉定十三年，賜諡曰純公。淳祐元年，封河南伯，從祀孔子廟庭。

——《宋史·程顥傳》

程頤：字正叔，年十八，上書闕下，欲天子黜世俗之論，以王道為心。游太學，見胡瑗問諸生以「顏子所好何學」，頤因答曰：「學以至聖人之道也。」「聖人可學而至歟？」曰：「然。」……詔以為西京國子監教授，力辭。尋召為秘書省校書郎。既入見，擢崇政殿說書。……每進講，色甚莊。繼以諷諫。聞帝在官中盥而避蟻，問「有是乎？」曰：「然。誠恐傷之爾。」頤曰：「推此心以及四海，帝王之要道也。」……紹聖中，削籍，竄涪州。……徽宗即位，徙峽州。俄復其官，又奪於崇寧。卒，年七十五。

頤於書無所不讀，其學本於誠。以《大學》、《語》、《孟》、《中庸》為標指，而達於六經。動止語默，一以聖人為師。其不至乎聖人不止也。……

涪人祠頤於北岩，世稱為伊川先生。嘉定十三年，賜諡曰正公。淳祐元年，封伊陽伯，從祀孔子廟庭。

——《宋史·程頤傳》

呂大臨：字與叔，學於程頤，與謝良佐、游酢、楊時在程門，號四先生。通六經，尤邃於禮。……元祐中，為大學博士。遷秘書省正字。范祖禹薦其好學修身如古人，可備勸學。未及用而卒。

——《宋史·呂大臨傳》

楊時：字中立，南劍將樂人。幼穎異，能屬文。稍長，潛心經史。熙寧九年中進士第時，河南程顥與弟頤講孔孟絕學於熙豐之際，河洛之士翕然師之。時調官不赴，以師禮見顥於潁昌，相得甚歡。其歸也，顥目送之曰：「吾道南矣。」四年而顥死，時聞之，設位哭寢門，而以書赴告同學者。至是又見程頤於洛，時蓋年四十矣。一日見頤，頤偶瞑坐。時與游酢侍立不去。頤既覺，則門外雪深一尺矣。⋯⋯

李綱之罷，太學生伏闕上書。⋯⋯時得召對，言諸生伏闕，紛紛忠於朝廷，非有他意。但擇老成有行誼者為之長貳，則將自定。欽宗曰：「無逾於卿。」遂以時兼國子祭酒，首言三省政事。⋯⋯又言：「蔡京用事二十餘年，蠹國害民。⋯⋯蓋京以繼述神宗為名，實挾王安石以圖身利。故推尊安石，加以王爵，配饗孔子廟庭。今日之禍，實安石有以啟之。⋯⋯伏望追奪王爵，明詔中外。毀去配享之像，使邪說淫辭不為學者之惑。」疏上，安石遂降從祀之列。⋯⋯高宗即位，除工部侍郎。⋯⋯已而告老，以本官致仕。優游林泉，以著書講學為事。卒年八十三，諡文靖。

——《宋史‧楊時傳》

尹焞：焞少師事程頤，嘗應舉發策，有誅元祐諸臣議。焞曰：「噫，尚可以干祿乎哉。」不對而出，告頤曰：「焞不復應進士舉矣。」⋯⋯紹興八年，除秘書少監。未幾，力辭求去。⋯⋯除太常少卿，仍兼說書。未幾，稱疾在告，除權禮部侍郎，兼侍講。⋯⋯九年，以徽猷閣待制，提舉萬壽觀，兼侍講。⋯⋯秦檜當國，見焞議和疏及與檜書，已不樂。至是得求去之疏，遂不復留。十二年卒。當是時，學於程頤之門者固多君子，然求質直弘毅實體力行若焞者，蓋鮮。

——《宋史‧尹焞傳》

　　游酢：字定夫，建州建陽人。與兄醇以文行知名，所交皆天下士。程頤見之京師，謂其資可以進道。程顥興扶溝學，招使肄業。盡棄其學而學焉。第進士，調蕭山尉。近臣薦其賢，召為太學錄遷博士。以奉親不便，求知河陽縣。范純仁守穎昌府，辟府教授。純仁入相，復為博士。僉書齊州泉州判官。晚得監察禦史，歷知漢陽軍和舒濠三州而卒。

——《宋史·游酢傳》

　　謝良佐：字顯道，壽春上蔡人。與游酢、呂大臨、楊時在程門，號四先生。登進士第。建中靖國初，官京師，召對忤旨去，監西京竹木場。坐口語繫詔獄，廢為民。良佐記問該贍，對人稱引前史，至不差一字。事有未徹，則顙有泚。與程頤別一年，復來見。問其所進，曰：「但去得一矜字爾。」頤喜，謂朱光庭曰：「是子力學切問而近思者也。」所著《論語說》，行於世。

——《宋史·謝良佐傳》

　　李綱：字伯紀，邵武人也。……綱登政和二年進士第，積官至監察御史，兼權殿中侍御史。以言事忤權貴，改比部員外郎，遷起居郎。宣和元年，京師大水。綱上疏言陰氣太盛，當以盜賊外患為憂。朝廷惡其言，謫監南劍州沙縣稅務。七年，為太常少卿。時金人渝盟，邊報狎至。朝廷議避敵之計，詔起師勤王。命皇太子為開封牧，令侍從各具所見以聞。綱上御戎五策。……命綱為親徵行營使，以便宜從事。綱治守戰之具，不數日而畢。敵兵攻城，綱身督戰。募壯士縋城而下，斬酋長十餘人，殺其眾數千人。金人知有備，又聞上已內禪，乃退。……

　　時太原圍未解，种師中戰沒，師道病歸。南仲曰：「欲援太原，

非綱不可。」上以綱為河東北宣撫使。綱言：「臣書生，實不知兵。在圍城中，不得已為陛下料理兵事。今使為大帥，恐誤國事。」因拜辭，不許。退而移疾，乞致仕。章十餘上，不允。……高宗即位，拜尚書右僕射兼中書侍郎。……紹興二年，除觀文殿學士，湖廣宣撫使，兼知潭州。……詔以綱累奏，不欲重違，遂允其請。次年薨，年五十八。訃聞，上為軫悼。遣使賻贈，撫問其家，給喪葬之費。贈少師，官其親族十人。

綱負天下之望，以一身用舍，為社稷生民安危。雖身或不用，用有不久，而其忠誠義氣，凜然動乎遠邇。每宋使至燕山，必問李綱、趙鼎安否。其為遠人所畏服如此。綱有著《易傳內篇》十卷，《外篇》十二卷，《論語詳說》十卷，文章歌詩奏議百餘卷。又有《靖康傳信錄》、《奉迎錄》、《建炎時政記》、《建炎進退志》、《建炎制詔表札集》、《宣撫荊廣記》、《制置江右錄》。

——《宋史・李綱傳》

胡安國：字康侯，建寧崇安人。入太學，以程頤之友朱長文及潁川靳裁之為師。裁之與論經史大義，深奇重之。三試於禮部，中紹聖四年進士第。……靖康元年，除太常少卿，辭。除起居郎，又辭。朝旨屢趣，行至京師，以疾在告。一日方午，欽宗亟召見。安國奏曰：「明君以務學為急，聖學以正心為要。心者萬事之宗。正心者，揆事宰物之權。願擢名儒明於治國平天下之本，虛懷訪問。」……紹興元年，除中書舍人，兼侍講，遣使趣召。安國以《時政論》二十一篇先獻之。論入，復除給事中。……高宗曰：「聞卿深於《春秋》，方欲講論。」遂以《左氏傳》付安國點句正音。安國奏：「《春秋》，經世大典。見諸行事，非空言比。今方思濟艱難，《左氏》繁碎，不宜虛費光陰，耽玩文采。莫若潛心聖經。」高宗稱善。尋除安國兼侍讀，專

講《春秋》。……卒，年六十五。詔贈四官。又降詔加賻，賜田十頃，恤其孤。諡曰文定，蓋非常格也。……

自王安石廢《春秋》不列於學官，安國謂先聖手所筆削之書，乃使人主不得聞講說，學士不得相傳習，亂倫滅理，用夏變夷，殆由乎此。故潛心是書二十餘年，以為天下事物，無不備於此。

——《宋史‧胡安國傳》

羅從彥：字仲素，南劍人。以累舉恩為惠州博羅縣主簿。聞同郡楊時得河南程氏學，慨然慕之。及時為蕭山令，遂徒步往學焉。時熟察之，乃喜曰：「惟從彥可與言道。」於是日益以親。時弟子千餘人，無及從彥者。……朱熹謂龜山倡道東南，士之遊其門者甚眾。然潛思力行，任重詣極如仲素，一人而已。紹興中卒，學者稱之曰豫章先生。淳祐間，諡文質。

——《宋史‧羅從彥傳》

李侗：字願中，南劍州劍浦人。年二十四，聞郡人羅從彥得河洛之學，遂以書謁之。……從之累年，授《春秋》、《中庸》、《語》、《孟》之說。……從彥好靜坐。侗退入室，亦靜坐。從彥令靜中看喜怒哀樂未發前氣象，而求所謂中者。久之而於天下之理，該攝洞貫，以次融釋，各有條序。從彥亟稱許焉。既而退居山田，謝絕世故。餘四十年，食飲或不充，而怡然自適。事親孝謹。仲兄性剛多忤，侗事之，得其歡心。閨門內外，夷愉肅穆，若無人聲，而眾事自理。親戚有貧不能婚嫁者，則為經理振助之。與鄉人處，飲食言笑，終日油油如也。其接後學，答問不倦。雖隨人淺深施教，而必自反身自得始。故其言曰：「學問之道不在多言，但默坐澄心，體認天理。若是，雖一毫私欲之發，亦退聽矣。」……侗子友直信甫皆舉進士，試吏旁

郡，更請迎養。歸道武夷，會閩帥汪應辰以書幣來迎，侗往見之。至之日，疾作，遂卒。年七十有一。

——《宋史・李侗傳》

朱熹：字元晦，一字仲晦。徽州婺源人。父松字喬年。熹幼穎悟，甫能言，父指天示之曰：「天也。」熹問曰：「天之上何物？」松異之，就傅，授以《孝經》。一閱，題其上曰：「不若是，非人也。」嘗從群兒戲沙上，獨端坐，以指畫沙，視之，八卦也。年十八貢於鄉，中紹興十八年進士。……

孝宗即位，詔求直言。熹上封事，言聖躬雖未有過失，而帝王之學不可以不熟講。朝政雖未有闕遺，而修攘之計不可以不早定。……帝王之學，必先格物致知，以極夫事物之變。使義理所存，纖悉畢照，則自然意誠心正，而可以應天下之務。……

乾道元年，促就職。既至，而洪適為相，復主和。論不合，歸。……淳熙元年，始拜命。二年，上欲獎用廉退，以勵風俗。龔茂良行丞相，以熹名進，除秘書郎，力辭。……五年，史浩再相，除知南康軍。降旨便道之官。熹再辭，不許。至郡，興利除害。……十四年，周必大相，除熹提點江西刑獄公事。以疾辭，不許，遂行。……光宗即位，再辭職名，仍舊直寶文閣。降詔獎諭。居數月，除江東轉運副使，以疾辭，改知漳州。……（慶元）二年，沈繼祖為監察御史，誣熹十罪。詔落職，罷祠。門人蔡元定亦送道州編管。四年，熹以年近七十，申乞致仕。五年，依所請。明年卒，年七十一。疾且革，手書屬其子在及門人范念德、黃幹，拳拳以勉學及修正遺書為言。翌日正坐，整衣冠，就枕而逝。

熹登第五十年，仕於外者僅九，考立朝才四十日。……

嘉泰初，學禁稍弛。二年，詔熹以致仕除華文閣待制，與致仕恩

澤。後伉胄死，詔賜熹遺表恩澤，謚曰文。尋贈中大夫，特贈寶謨閣直學士。理宗寶慶三年，贈太師，追封信國公，改徽國。……

晦於是竭其精力，以研窮聖賢之經訓。所著書，有《易本義、啟蒙、蓍卦考誤》、《詩集傳》、《大學、中庸章句、或問》、《論語、孟子集注》、《太極圖、通書、西銘解》、《楚辭集注、辨證》、《韓文考異》。所編次，有《論孟集議》、《孟子指要》、《中庸輯略》、《孝經刊誤》、《小學書》、《通鑒綱目》、《宋名臣言行錄》、《家禮》、《近思錄》、《河南程氏遺書》、《伊洛淵源錄》，皆行於世。熹沒，朝廷以其《大學》、《語》、《孟》、《中庸》訓說立於學官，又有《儀禮經傳通解》未脫稿，亦在學官。平生為文凡一百卷，生徒問答凡八十卷，別錄十卷。

——《宋史·朱熹傳》

張栻：字敬夫，丞相浚子也。穎悟夙成，浚愛之。自幼學所教，莫非仁義忠孝之實。長師胡宏。宏一見，即以孔門論仁親切之旨告之。栻退而思，若有得焉。宏稱之曰：「聖門有人矣。」……明年，召為吏部侍郎，兼權起居郎侍立官。……

栻在朝未期歲，而召對至六七。所言大抵皆修身務學，畏天恤民，抑僥倖，屏讒諛。於是宰相益憚之，而近習尤不悅。退而家居累年。孝宗念之，詔除舊職。知靜江府，經略安撫廣南西路。……栻有公輔之望，卒時年四十有八。

——《宋史·張栻傳》

陸九淵：字子靜。生三四歲，問其父天地何所窮際，父笑而不答。遂深思至忘寢食。及總角，舉止異凡兒，見者敬之。謂人曰：「聞人誦伊川語，自覺若傷我者。」又曰：「伊川之言，奚為與孔子孟子之言不類。近見其間多有不是處。」初讀《論語》，即疑有子之

言支離。他日讀古書，至宇宙二字，解者曰：「四方上下曰宇，往古來今曰宙。」忽大省曰：「宇宙內事，己分內事。己分內事，乃宇宙內事。」又嘗曰：「東海有聖人出焉，此心同也，此理同也。至西海南海北海有聖人出，亦莫不然。千百世之上有聖人出焉，此心同也，此理同也。至於千百世之下有聖人出，此心此理亦無不同也。」

後登乾道八年進士……調隆興靖安縣主簿。丁母憂，服闋，改建寧崇安縣。以少師史浩薦，召審察，不赴。侍從復薦，除國子正。教諸生無異在家時。……或勸九淵著書，曰：「六經注我，我注六經。」又曰：「學苟知道，六經皆我注腳。」

光宗即位，差知荊門。軍民有訴者，無早暮，皆得造於庭。……丞相周必大嘗稱荊門之政，以為躬行之效。

一日語所親曰：「先教授兄有志天下，竟不得施以沒。」又謂家人曰：「吾將死矣。」又告僚屬曰：「某將告終。」會禱雪，明日雪，乃沐浴更衣端坐，後二日日中而卒。會葬者以千數，諡文安。

　　　　　　　　　　　　　　　　　──《宋史‧陸九淵傳》

呂祖謙：字伯恭，尚書右丞好問之孫也。自其祖始居婺州。祖謙之學，本之家庭，有中原文獻之傳。長從林之奇、汪應辰、胡憲游。既又友張栻、朱熹，講索益精。初蔭補入官，後舉進士，復中博學宏詞科，調南外宗教。丁內艱，居明招山，四方之士爭趨之。除太學博士。時中都官待次者例補外添差，教授嚴州，尋復召為博士，兼國史院編修官，實錄院檢討官。……越三年，除秘書郎，國史院編修官，實錄院檢討官，以修撰李燾薦，重修《徽宗實錄》。書成進秩，面對言曰：「夫治道體統，上下內外不相侵奪而後安。」……又言：「國朝治體，有遠過前代者，有視前代為未備者。」……卒年四十五，諡曰成。祖謙學以關洛為宗，而旁稽載籍，不見涯涘。心平氣和，不立崖異。

　　　　　　　　　　　　　　　　　──《宋史‧呂祖謙傳》

　　蔡元定：字季通，建州建陽人。生而穎悟，八歲能詩，日記數千言。父發，博覽群書，號牧堂老人。以《程氏語錄》、邵氏《經世》、張氏《正蒙》授元定，曰：「此孔孟正脈也。」元定深涵其義。既長，辨析益精。登西山絕頂，忍饑啖薺讀書。聞朱熹名，往師之。熹扣其學，大驚曰，此吾老友也，不當在弟子列。遂與對榻講論諸經奧義，每至夜分。四方來學者，熹必俾先從元定質正焉。……平生問學，多寓於熹書集中。所著書，有《大衍詳說》、《律呂新書》、《燕樂原辯》、《皇極經世太玄潛虛指要》、《洪範解》、《八陣圖說》，熹為之序。子淵、沉，皆躬耕不仕。淵有《周易訓解》。

——《宋史·蔡元定傳》

　　蔡沉：字仲默，少從朱熹遊。熹晚欲著《書傳》，未及為，遂以屬沉。《洪範》之數，學者久失其傳，元定獨心得之，然未及論著。曰：「成吾書者，沉也。」沉受父師之托，沈潛反覆者數十年，然後成書。發明先儒之所未及。……始從元定謫道州，跋涉數千里。道楚粵窮僻處，父子相對，常以理義自怡悅。元定沒，徒步護喪以還。有遺之金，而義不可受者，輒謝卻之。曰：「吾不忍累先人也。」年僅三十，屏去舉子業，一以聖賢為師。隱居九峰，當世名卿物色將薦用之，沉不屑就。次子抗，別有傳。

——《宋史·蔡沉傳》

　　黃幹：字直卿，福州閩縣人。父瑀，在高宗時為監察御史，以篤行直道著聞。瑀沒，幹往見清江劉清之，清之奇之，曰：「子乃遠器，時學非所以處子也。」因命受業朱熹。幹家法嚴重，乃以白母，即日行。時大雪既至，而熹他出。幹因留客邸，臥起一榻，不解衣者二月，而熹始歸。幹自見熹，夜不設榻，不解帶。少倦，則微坐一

倚，或至達曙。……熹作竹林精舍成，遺幹書，有他時便可請直卿代即講席之語。及編禮書，獨以喪祭二編屬幹。稿成，熹見而喜曰：「所立規模次第，縝密有條理。他日當取所編家鄉邦國王朝禮，悉仿此更定之。」病革，以深衣及所著書授幹，手書與訣曰：「吾道之托在此，吾無憾矣。」訃聞，幹持心喪三年。畢，調監嘉興府石門酒庫。……所至以重庠序，先教養，其在漢陽，即郡治後鳳棲山為屋，館四方士。立周程游朱四先生祠。以病乞祠，主管武夷沖佑觀。尋起知安慶府。……俄命知潮州，辭不行。差主管亳州明道宮。逾月，遂乞致仕，詔許之。特授承議郎。既沒，後數年，以門人請諡，又特贈朝奉郎，與一子下州文學，諡文肅。有經解文集行於世。

——《宋史・黃幹傳》

輔廣：字漢卿，號潛齋。其父本河朔人。南渡，居秀州之崇德縣。初從呂祖謙遊，後復從朱子講學，即世所稱慶源輔氏也。

——《四庫提要・詩童子問十卷》

遼子，師事呂祖謙、朱文公。慶元初，偽學禁興，學者多解散。廣獨不為動，文公深器重之。嘉定間，仕止祠官，罷歸。隱語溪，以著書為務。有《五經注釋》、《四書問答》、《詩童子問》、《通鑒集義》、《日新錄》、《師訓編》諸書，學者稱為傳貽先生。

——《明一統志》卷三十九

字漢卿，父遼，本趙州人。乾道間，官統制，居崇德。廣初從呂祖謙游，祖謙歿，師事朱子，與黃幹並稱。時偽學禁興，蔡元定貶死，廣獨侍朱子不去。入京師，居太學之南，集同志講學不輟。堅忍篤信，終始不渝。嘗主崇德學事，以躬行倡率其徒，學者稱傳貽先

生。所著有《論孟答問》、《六經集解》、《通鑑集義》、《四書纂疏》、《日新錄》諸書。

——《清一統志》卷二二一

袁燮：字和叔，慶元府鄞縣人。生而端粹專靜。乳媼置盤水其前，玩視終日。夜臥常醒。然少長讀《東都黨錮傳》，慨然以名節自期。入太學，登進士，第調江陰尉。……寧宗即位，以太學正召。時朱熹諸儒相次去國，丞相趙汝愚罷，燮亦以論去。自是黨禁興矣。久之，為浙東帥幕福建常平，屬沿海參議。嘉定初，召，主宗正簿樞密院編修官，權考功郎官，太常丞，知江州，改提舉江西常平，權知隆興。召為都官郎官，……遷國子司業，秘書少監，進祭酒、秘書監。延見諸生，必迪以反躬切己，忠信篤實，是為道本。聞者悚然有得，士氣益振。兼崇正殿說書，除禮部侍郎，兼侍讀。時史彌遠主和，燮爭益力。臺論劾燮，罷之。以寶文閣待制提舉鴻慶宮。起，知溫州，進直學士奉祠以卒。……後見九齡之弟九淵發明本心之指，乃師事焉。每言人心與天地一本，精思以得之，兢業以守之，則與天地相似。學者稱之曰潔齋先生，後謚正獻。

——《宋史·袁燮傳》

陳淳：字安卿，漳州龍溪人。少習舉子業，林宗臣見而奇之，且曰，此非聖賢事業也。因授以《近思錄》。淳退而讀之，遂盡棄其業焉。及朱熹來守其鄉，淳請受教。熹曰：「凡閱義理，必窮其原。如為人父何故止於慈，為人子何故止於孝。其他可類推也。」淳聞，而為學益力，日求其所未至。熹數語人，以南來吾道喜得陳淳。門人有疑問不合者，則稱淳善問。後十年，淳復往見熹，陳其所得。時熹已寢疾，語之曰：「如今所學，已見本原。所闕者，下學之功爾。」自

是所聞，皆要切語。凡三月，而熹卒。淳追思師訓，痛自裁抑，無書
不讀，無物不格。日積月累，義理貫通，洞見條緒。故其言太極曰：
「太極只是理。理本圓，故太極之體渾淪。……夫盈天地間，千條萬
緒，是多少人事。聖人大成之地，千節萬目，是多少工夫。惟當開拓
心胸，大作基址，須萬理明徹於胸中，將此心放在天地間一例看，然
後可以語孔孟之樂。須明三代法度，通之於當今而無不宜，然後為全
儒，而可以語王佐事業。」……以特奏恩，授迪功郎，泉州安溪主簿。
未上而沒，年六十五。其所著有《語、孟、大學、中庸口義、字義詳
講》、《禮》、《詩》、《女學》等書。門人錄其語，號筠谷瀨口金山所聞。
　　　　　　　　　　　　　　　　　　　　　　——《宋史・陳淳傳》

真德秀：登慶元五年進士，第授南劍州判官，繼試，中博學宏詞
科，入閩帥幕，召為太學正。嘉定元年，遷博士……試學士院，改秘
書省正字，兼檢討玉牒。二年，遷秘書郎。又對言：「暴風雨雹，熒
惑蝻蝗之變，皆贓吏所致。」尋兼沂王府教授，學士院權直。三年，
遷秘書郎。……十二年，以集英殿修撰知隆興府。……十五年，以寶
謨閣待制、湖南安撫使知潭州。以廉仁功勤四字勵僚屬，以周敦頤、
胡安國、朱熹、張栻學術源流勉其士。……理宗即位，召為中書舍
人，尋擢禮部侍郎，直學士院。入見，奏：「三綱五常，扶持宇宙之
棟幹，奠安生民之柱石。」……召為戶部尚書。入見，上迎謂曰：
「卿去國十年，每切思賢。」乃以《大學衍義》進，復陳祈天永命之
說。……上欣然嘉納，改翰林學士知制誥。時政多所論建。逾年，知
貢舉。已得疾，拜參知政事，同編修。敕令經武要略，三乞祠祿，上
不得已，進資政殿學士，提舉萬壽觀，兼侍讀，辭。疾亟，冠帶起坐。
迄謝事，猶神爽不亂。遺表聞，上震悼，輟視朝，贈銀青光祿大夫。
　　　　　　　　　　　　　　　　　　　　　　——《宋史・真德秀傳》

魏了翁：慶元五年登進士第，時方諱言道學，了翁策及之，授簽書劍南西川節度判官廳公事，盡心職業。嘉泰二年，召為國子正。明年，改武學博士。……嘉定四年，擢潼川路提點刑獄公事。八年，兼提舉常平等事遷轉運判官。……十年，遷直秘閣，知瀘州，主管潼川路安撫司公事。……十六年，為省試參詳官，遷太常少卿，兼侍立修注官。十七年，遷秘書監，尋以起居舍人再辭，而後就列入奏，極言事變倚伏，人心向背，疆場安危，鄰寇動靜，其幾有五。謂宜察時幾而共天命，尊道揆而嚴法守。……其後舊典皆復其初，臣庶封章，多乞召還了翁及真德秀。上因民望而並招之，用了翁權禮部尚書，兼直學士院。……尋兼提舉，編修《武經要略》，恩數同執政。進封臨邛郡開國侯，又賜便宜詔書如張浚故事。……尋改資政殿學士，湖南安撫使，知潭州。復力辭。詔提舉臨安府洞霄宮。未幾，改知紹興府浙東安撫使。嘉熙元年，改知福州福建安撫使。累章乞骸骨，詔不允。疾革……遺表聞。上震悼，輟視朝，嘆惜有用才不盡之恨。詔贈太師，諡文靖。賜第宅蘇州，累贈秦國公。所著有《鶴山集》、《九經要義》、《周易集義》、《易舉隅》、《周禮井田圖說》、《古今考》、《經史雜抄》、《師友雅言》。

——《宋史·魏了翁傳》

何基：字子恭，婺州金華人。父伯熭，為臨州縣丞，而黃幹適知其縣事。伯熭見二子而師事焉。幹告以必有真實心地，刻苦工夫而後可。基悚惕受命。於是隨事誘掖，得聞淵源之懿。……嘗曰：「治經當謹守精玩，不必多起疑論。有欲為後學言者，謹之又謹可也。」基淳固篤實，絕類漢儒。雖一本於熹，然就其言發明，則精義新意愈出不窮。……景定五年，詔舉賢，特薦基與建人徐幾同被命添差婺州學教授，兼麗澤書院山長。力辭，未竟，理宗崩。咸淳初，授史館校勘兼崇政殿說書。屢辭，改承務郎。主管西嶽廟，終亦不受也。卒，年

八十一。國子祭酒楊文仲請於朝，諡文定。所著《大學發揮》、《中庸發揮》、《大傳發揮》、《易啟蒙發揮》、《通書發揮》、《近思錄發揮》。

——《宋史・何基傳》

王柏：柏少慕諸葛亮為人，自號長嘯。年逾三十，始知家學之原。捐去俗學，勇於求道。與其友汪開之著《論語通旨》，至居處恭，執事敬，惕然歎曰：「長嘯非聖門持敬之道。」亟更以魯齋。從熹門人游，或語以何基嘗從黃幹得熹之傳，即往從之。授以立志居敬之旨。且作〈魯齋箴〉勉之。質實堅苦，有疑，必從基質之。於《論語》、《大學》、《中庸》、《孟子》、《通鑒綱目》標注點校，尤為精密。作《敬齋箴圖》。凤興見廟，治家嚴飭。……來學者眾，其教必先之以《大學》。蔡抗、楊棟相繼守婺，趙景緯守臺，聘為麗澤、上蔡兩書院師。鄉之耆德皆執弟子禮。理宗崩，率諸生制服，臨於郡。……（言）「〈洪範〉者，經傳之宗祖乎。初一曰五行以下六十五字，為洪範。五皇極以下六十四字，為皇極經。此帝王相傳之大訓，非箕子之言也。……又曰：今《詩》三百五篇，豈盡定於夫子之手。所刪之詩，容或有存於閭巷浮薄之口。漢儒取於補亡。乃定〈二南〉各十有一篇，兩兩相配。退〈何彼穠矣〉、〈甘棠〉歸之王風，削去〈野有死麕〉，黜鄭衛淫奔之詩。又作《春秋發揮》。又曰《大學》致知格物章未嘗亡，還知止章於聽訟之上。謂《中庸》古有二篇，誠明可為綱，不可為目。定《中庸》、《誠明》各十一章。其卓識獨見，多此類也。其卒，整衣冠端坐，揮婦人勿近。國子祭酒楊文仲請於朝，諡曰文憲。

——《宋史・王柏傳》

文天祥：字宋瑞，又字履善，吉之吉水人也。體貌豐偉，美皙如玉。秀眉而長目，顧盼煜然。自為童子時，見學宮所祠鄉先生歐陽修、楊邦乂、胡銓像，皆諡忠，即欣然慕之曰：「沒不俎豆其間，非

夫也。」年二十舉進士，對策集英殿。時理宗在位久，政理浸怠。天祥以法天不息為對，其言萬餘，不為稿，一揮而成。帝親拔為第一。……至元十五年三月，進屯麗江浦。六月，入船澳。益王殂，衛王繼立。天祥上表自劾，乞入朝，不許。八月，加天祥少保信國公。軍中疫且起，兵士死者數百人。天祥惟一子，與其母皆死。十一月，進屯潮陽縣。潮州盜陳懿、劉興數叛附，為潮人害。天祥攻走懿，執興誅之。十二月，趨南嶺……元帥張弘範兵濟潮陽，天祥方飯五坡嶺。張弘範兵突至，眾不及戰，皆頓首伏草莽。天祥倉皇出走。千戶王惟義前執之，天祥吞腦子，不死。……天祥臨刑，殊從容。謂吏卒曰：「吾事畢矣。」南鄉拜而死。數日，其妻歐陽氏收其屍，面如生。年四十七，其衣帶中有贊曰：「孔曰成仁，孟曰取義。惟其義盡，所以仁至。讀聖賢書，所學何事。而今而後，庶幾無愧。」

——《宋史·文天祥傳》

陸秀夫：字君實，楚州鹽城人。生三歲，其父徙家鎮江。稍長，從其鄉人孟先生學。孟之徒恒百餘，獨指秀夫曰，此非凡兒也。景定元年，登進士第。李庭芝鎮淮南，聞其名，辟至幕中。時天下稱得士多者，以淮南為第一，號小朝廷。秀夫才思清麗，一時文人少能及之。性沉靜，不苟求人知。……

德祐元年，邊事急。諸僚屬多亡者，惟秀夫數人不去。庭芝上其名，除司農寺丞，累擢至宗正少卿兼權起居舍人。二年正月，以禮部侍郎使軍前，請和不就而反。……時君臣播越海濱，庶事疏略。楊太妃垂簾，與群臣語，猶自稱奴。每時節朝會，秀夫儼然正笏，立如治朝。或時在行中，淒然泣下。以朝衣拭淚，衣盡浥，左右無不悲動者。……與眾共立衛王。時陳宜中往占城，與世傑不協，屢召不至。乃以秀夫為左丞相，與世傑共秉政。……雖匆遽流離中，猶日書《大

學章句》以勸講。至元十六年二月，厓山破，秀夫走衛王舟，而世傑劉義各斷維去。秀夫度不可脫，乃杖劍驅妻子入海，即負王赴海死，年四十四。

——《宋史・陸秀夫傳》

趙復：字仁甫，德安人也。太宗乙未歲，命太子庫春帥師伐宋。德安以嘗逆戰，其民數十萬，皆俘戮無遺。時楊惟中行中書省軍前，姚樞奉詔，即軍中求儒道釋醫卜士，凡儒生掛俘籍者，輒脫之以歸，復在其中。樞與之言，信奇士。以九族俱殘，不欲北，因與樞訣。樞恐其自裁，留帳中共宿。既覺，月色皓然，惟寢衣在。遽馳馬周號積屍間，無有也。行及水際，則見復已被髮徒跣，仰天而號，欲投而未入。樞曉以徒死無益，汝存則子孫或可以傳緒百世。隨吾而北，必可無他。復強從之。

先是南北道絕，載籍不相通。至是復以所記程朱所著諸經傳注，盡錄以付樞。自復至燕，學子從者百餘人。世祖在潛邸，嘗召見，問曰：「我欲取宋，卿可導之乎。」對曰：「宋，吾父母國也。未有引他人以伐吾父母者。」世祖悅，因不強之仕。惟中聞復論議，始嗜其學。乃與樞謀建太極書院，立周子祠，以二程張楊游朱六君子配食。選取遺書八千餘卷，請復講授其中。……

樞既退隱蘇門，乃即復傳其學。由是許衡、郝經、劉因皆得其書而尊信之。北方知有程朱之學，自復始。復為人樂易而耿介，雖居燕，不忘故土。與人交，尤篤分誼。元好問文名擅一時，其南歸也，復贈之言，以博溺心末喪本為戒。以自修讀《易》，求文王孔子之用心。為勉其愛人以德，類若此。復家江漢之上，以江漢自號。學者稱之曰江漢先生。

——《元史・趙復傳》

　　金履祥：字吉父，婺之蘭溪人。其先本劉氏後，避吳越錢武肅王嫌名，更為金氏。履祥從曾祖景文，當宋建炎紹興間，以孝行著稱。其父母疾，齋禱於天，而靈應隨至。事聞於朝，為改所居鄉曰純孝。履祥幼而敏睿，父兄稍授之書，即能記誦。比長，益自策勵，凡天文地形禮樂田乘兵謀陰陽律曆之書，靡不畢究。及壯，知向濂洛之學，事同郡王栢，從登何基之門。基則學於黃幹，而乾親承朱熹之傳者也。自是講貫益密，造詣益邃。時宋之國事已不可為，履祥遂絕意進取，然負其經濟之略，亦未忍遽忘斯世也。會襄樊之師日急，宋人坐視而不敢救，履祥因進牽制搗虛之策，請以重兵由海道直趨燕薊，則襄樊之師將不攻而自解。且備敘海舶所經，凡州郡縣邑下至巨洋別塢，難易遠近，歷歷可據以行。宋終莫能用。及後朱瑄、張清獻海運之利，而所由海道視履祥先所上書，咫尺無異者然。後人服其精確。

　　德祐初，以迪功郎史館編校起之，辭弗就。宋將改物，所在盜起，履祥屏居金華山中。……乃用邵氏《皇極經世》曆，胡氏《皇王大紀》之例，損益折衷。一以《尚書》為主，下及《詩》、《禮》、《春秋》，旁采舊史諸子表年繫事，斷自唐堯以下，接於《通鑑》之前，勒為一書，二十卷，名曰《通鑑前編》。凡所引書，輒加訓釋，以裁正其義。多儒先所未發。既成，以授門人許謙曰：「二帝三王之盛，其微言懿行，宜後王所當法。戰國申商之術，其苛法亂政，亦後王所當戒。則是編不可以不著也。」他所著書，曰《大學章句疏義》二卷，《論語孟子集注考證》十七卷，《書表注》四卷。謙為益加校定，皆傳於學者。……

　　履祥居仁山之下，學者因稱為仁山先生。大德中，卒。元統初，裡人吳師道為國子博士，移書學官，祠履祥於鄉學。至正中，賜諡文安。

——《元史·金履祥傳》

許衡：幼有異質，七歲入學授章句。問其師曰：「讀書何為？」師曰：「取科第耳。」曰：「如斯而已乎？」師大奇之。每授書，又能問其旨義。……從柳城姚樞得伊洛程氏及新安朱氏書，益大有得。尋居蘇門，與樞及竇默相講習。凡經傳子史禮樂名物星曆兵刑食貨水利之類，無所不講，而慨然以道為己任。……

中統元年，世祖即皇帝位，召至京師。時王文統以言利進，為平章政事。衡、樞輩入侍，言治亂休戚，必以義為本。文統患之。且竇默曰於帝前排其學術，疑衡與之為表裡。乃奏以樞為太子太師，默為太子太傅，衡為太子太保。陽為尊用之，實不使數侍上也。……至元二年，帝以安圖為右丞相，欲衡輔之。復召至京師，命議事中書省。衡乃上疏曰：「……其一曰，自古立國皆有規模，循而行之，則治功可期。否則心疑目眩，變易紛更，未見其可也。昔子產相衰周之列國，孔明治西蜀之一隅，且有定論，終身由之。而堂堂天下，可無一定之說而妄為之哉。……」書奏，帝嘉納之。……

帝久欲開太學，會衡請罷益力，乃從其請。八年，以為集賢大學士兼國子祭酒，親為擇蒙古弟子，俾教之。衡聞命，喜曰：「此吾事也。」……十年，權臣屢毀漢法，諸生廩食或不繼。衡請還懷。帝以問翰林學士王盤，盤對曰：「衡教人有法，諸生行可從政，此國之大體，宜勿聽其去。」……十五年，詔王恂定新曆。恂以為曆家知曆數而不知曆理，宜得衡領之。乃以集賢大學士兼國子祭酒教領太史院事。……十八年，衡病革，家人祠。衡曰：「吾一日未死，寧不有事于祖考。」扶而起，奠獻如儀。既撤，家人餕，怡怡如也。已而卒，年七十三。是日大雷電，風拔木。懷人無貴賤少長，皆哭於門。

——《元史・許衡傳》

陳澔：《禮記集說》十卷，元陳澔撰。澔字可大，都昌人。宋

亡，不仕，教授鄉里。學者稱雲莊先生。其書衍繹舊聞，附以己見，欲以坦明之說，取便初學。而於度數品節，擇焉不精，語焉不詳，後人病之。

——《四庫全書提要·陳氏禮記集說》

澔成是書，又在延祐之後，亦未為儒者所稱。明初始定，《禮記》用澔注。胡廣等修《五經大全》，《禮記》亦以澔注為主，用以取士。遂誦習相沿。蓋說《禮記》者，漢唐莫善於鄭孔，而鄭注簡奧，孔疏典贍，皆不似澔注之淺顯。宋代莫善於衛湜，而卷帙繁富，亦不似澔注之簡便。又南宋寶慶以後，朱子之學大行，而澔父大猷，師饒魯，魯師黃榦，榦為朱子之婿，遂藉考亭之餘蔭，得獨列學官。……澔所短者，在不知禮制當有證據，禮意當有發明，而箋釋文句，一如注《孝經》《論語》之法，故用為蒙訓則有餘，求以經術則不足。朱彝尊《經義考》以兔園冊子詆之，固為已甚。要其說，亦必有由矣。特禮文奧賾，驟讀為難。因其疏解，得知門徑，以漸進而求於古，於初學之士，固亦不為無益。是以國家定制，亦姑仍舊貫，以便童蒙。

——《四庫總目·雲莊禮記集說》

吳澄：字幼清，撫州崇仁人。高祖曄，初居咸口里，當華蓋臨川二山間，望氣者徐覺言，其地當出異人。澄生前一夕，鄉父老見異氣降其家，鄰媼復夢有物蜿蜒降其舍旁池中，旦以告於人，而澄生。……至大元年，召為國子監丞。先是許文正公衡為祭酒，始以朱子《小學》等書授弟子，久之漸失其舊。澄至，旦燃燭堂上，諸生以次受業，日晷退燕居之室。執經問難者接踵而至，澄各因其材質反覆訓誘之。每至夜分，雖寒暑不易也。皇慶元年，升司業。……英宗即位，超遷翰林學士，進階太中大夫。……於《易》、《春秋》、《禮記》

各有纂言，盡破傳注穿鑿，以發其蘊。條歸紀敘，精明簡潔，卓然成一家言。作《學基》、《學統》二篇，使人知學之本與為學之序，尤有得於邵子之學。校定《皇極經世書》，又校正《老子》、《莊子》、《太玄經》樂律及八陣圖，郭璞《葬書》。初，澄所居草屋數間，程巨夫題曰「草廬」，故學者稱之為草廬先生。天曆三年，朝廷以澄耆老，特命次子京為撫州教授，以便奉養。明年六月，得疾，有大星墜其舍東北。澄卒，年八十五。贈江西行省左丞上護軍，追封臨川郡公，謚文正。

——《元史・吳澄傳》

　　許謙：父觥，登淳祐七年進士第。仕未顯以歿。謙生數歲而孤。甫能言，世母陶氏口授《孝經》、《論語》，入耳輒不忘。稍長，肆力於學，立程以自課。取四部書，分晝夜讀之。雖疾恙不廢。既乃受業金履祥之門。……於書無不讀，窮探聖微。雖殘文羨語，皆不敢忽。有不可通，則不敢強。於先儒之說有所未安，亦不苟同也。讀《四書章句集注》，有《叢說》二十卷。謂學者曰：「學以聖人為准的，然必得聖人之心，而後可學聖人之事。」……讀《書集傳》，有《叢說》六卷。其觀史，有治忽幾微，仿史家年經國緯之法，起太皞氏，迄宋元祐元年秋九月尚書左僕射司馬光卒，備其世數，總其年歲，原其興亡，著其善惡。蓋以為光卒，則中國之治不可復興，誠理亂之幾也。……

　　大德中，熒惑入南斗句己而行。謙以為災在吳楚，竊深憂之。是歲大祲，謙貌加瘠。或問曰：「豈食不足邪？」謙曰：「今公私匱竭，道殣相望，吾能獨飽邪？」其處心蓋如此。廉訪使劉庭直，副使趙宏偉，皆中州雅望，於謙深加推服，論薦於朝。中外名臣列其行義者，前後章數十上，而郡復以遺逸應詔。鄉闈大比，請司其文衡，皆莫能

致。至其晚節，獨以身任正學之重，遠近學者以其身之安否為斯道之隆替焉。至元三年卒，年六十八。嘗以白雲山人自號，世稱為白雲先生。朝廷賜諡文懿。

——《元史‧許謙傳》

方孝孺：字希直，一字希古，寧海人。……孝孺幼警敏，雙眸炯炯。讀書日盈寸，鄉人目為小韓子。長從宋濂學。濂門下知名士，皆出其下。……洪武十五年，以吳沉揭樞薦，召見。太祖喜其舉止端整，謂皇太子曰：「此莊士，當老其才。」禮遣還，後為仇家所連，逮至京。太祖見其名，釋之。二十五年，又以薦召至。太祖曰：「今非用孝孺時。」除漢中教授，日與諸生講學不倦。……惠帝即位，召為翰林侍講。明年，遷侍講學士。國家大政事，輒諮之。帝好讀書，每有疑，即召使講解，臨朝奏事。……建文三年，燕兵掠大名。……（六月）乙丑，金川門啟，燕兵入，帝自焚。是日，孝孺被執下獄。

先是成祖發北平，姚廣孝以孝孺為托，曰：「城下之日，彼必不降。幸勿殺之。殺孝孺，天下讀書種子絕矣。」成祖頷之。至是欲使草詔。召至，悲慟聲徹殿陛。成祖降榻勞曰：「先生毋自苦，予欲法周公輔成王耳。」孝孺曰：「成王安在？」成祖曰：「彼自焚死。」孝孺曰：「何不立成王之子？」成祖曰：「國賴長君。」孝孺曰：「何不立成王之弟？」成祖曰：「此朕家事。」顧左右授筆劄，曰：「詔天下，非先生草不可。」孝孺投筆於地，且哭且罵曰：「死即死耳，詔不可草。」成祖怒，命磔諸市。孝孺慨然就死，作〈絕命詞〉曰：「天降亂離兮，孰知其由。奸臣得計兮，謀國用猶。忠臣發憤兮，血淚交流。以此殉君兮，抑又何求。嗚呼哀哉兮，庶不我尤。」時年四十有六。

——《明史‧方孝孺傳》

薛瑄：字德溫，河津人。父貞，洪武初領鄉薦，為元氏教諭。齋，夢一紫衣人謁見，已而生瑄。性穎敏，甫就塾，授之詩書，輒成誦。日記千百言。……舉河南鄉試第一，時永樂十有八年也。明年成進士，以省親歸居。父喪，悉遵古禮。……瑄學一本程朱，其修己教人，以復性為主。充養邃密言動，咸可法。嘗曰：「自考亭以還，斯道已大明，無煩著作，直須躬行耳。」有《讀書錄》二十卷，平易簡切，皆自言其所得。學者宗之。天順八年六月卒，年七十有二，贈禮部尚書，諡文清。弘治中，給事中張九功請從祀文廟，詔祀於鄉。已，給事中楊廉請頒《讀書錄》於國學，俾六館誦習，且請祠名。詔名正學。隆慶六年，允廷臣請，從祀先聖廟庭。

——《明史‧薛瑄傳》

曹端：字正夫，澠池人，永樂六年舉人。五歲見河圖、洛書，即畫地以質之父。及長，專心性理。其學務躬行實踐，而以靜存為要。讀宋儒《太極圖》、《通書》、《西銘》，歎曰：「道在是矣。」篤志研究，坐卜著足處，兩磚皆穿。事父母至孝。父初好釋氏，端為《夜行燭》一書進之。謂佛氏以空為性，非天命之性。老氏以虛為道，非率性之道。父欣然從之。繼遭二親喪，五味不入口。既葬，廬墓六年。端初讀謝應芳《辨惑編》，篤好之。一切浮屠巫覡風水時日之說，屏不用。上書邑宰，毀淫祠百餘，為設里社里穀壇，使民祈報。

年荒勸振，存活甚眾。為霍州學正，修明聖學。諸生服從其教，郡人皆化之。恥爭訟。知府郭晟問為政，端曰：「其公廉乎。公則民不敢謾，廉則吏不敢欺。」晟拜受。遭艱，歸澠池。霍諸生多就墓次受業。服闋，改蒲州學正。霍蒲兩邑各上章爭之，霍奏先得請。先後在霍十六載。宣德九年卒官，年五十九。諸生服心喪三年。霍人罷市巷哭，童子皆流涕。

——《明史‧曹端傳》

　　陳獻章：字公甫，新會人，舉正統十二年鄉試，再上禮部，不第。從吳與弼講學。居半載，歸，讀書窮日夜不輟，築陽春臺靜坐其中。數年，無戶外跡。久之，復遊太學。祭酒邢讓試和楊時〈此日不再得〉試一篇，驚曰：「龜山不如也。」揚言於朝，以為真儒復出。由是名震京師。……獻章之學，以靜為主。其教學者，但令端坐澄心，於靜中養出端倪。或勸之著述，不答。嘗自言曰：「吾年二十七始從吳聘君學，於古聖賢之書無所不講。然未知入處。比歸白沙，專求用力之方，亦卒未有得。於是舍繁求約，靜坐久之，然後見吾心之體，隱然呈露。日用應酬，隨吾所欲，如馬之卸勒也。」其學灑然獨得，論者謂有鳶飛魚躍之樂。而蘭溪薑麟至以為活孟子雲。獻章儀干修偉，右頰有七黑子。母年二十四守節，獻章事之至孝。母有念，輒心動即歸。弘治十三年卒，年七十三。萬曆初，從祀孔廟，追諡文恭。

——《明史·陳獻章傳》

　　胡居仁：字叔心，餘干人。聞吳與弼講學崇仁，往從之遊。絕意仕進。其學以主忠信為先，以求放心為要。操而勿失，莫大乎敬，因以敬名其齋。端莊凝重，對妻子如嚴賓。……語治世則曰：「惟王道能使萬物各得其所。」所著有《居業錄》，蓋取修辭立誠之義。……嘗作《進學箴》曰：「誠敬既立，本心自存。力行既久，全體皆仁。舉而措之，家齊國治。聖人能事畢矣。」……人以為薛瑄之後，粹然一出於正，居仁一人而已。卒，年五十一。萬曆十三年，從祀孔廟，復追諡文敬。

——《明史·胡居仁傳》

　　王守仁：字伯安，餘姚人。……守仁娠十四月而生。祖母夢神人自雲中送兒下，因名雲。五歲不能言。異人拊之，更名守仁，乃言。

年十五訪客居庸山海關，時闌出塞，縱觀山川形勝。弱冠舉鄉試，學大進。顧益好言兵，且善射。登弘治十二年進士。……補兵部主事。正德元年冬，劉瑾逮南京給事中御史戴銑等二十餘人，守仁抗章救。瑾怒，廷杖四十，謫貴州龍場驛丞。……瑾誅，量移廬陵知縣。入覲，遷南京刑部主事。……兵部尚書王瓊素奇守仁才，十一年八月，擢右僉都御史，巡撫南贛。……守仁所將，皆文吏及偏裨小校。平數十年巨寇，遠近驚為神。進右副都御史，予世襲錦衣衛百戶，再進副千戶。十四年六月，命勘福建叛軍。行至豐城，而寧王宸濠反。知縣顧似以告，守仁急趨吉安，與伍文定徵調兵食，治器械舟楫，傳檄暴宸濠罪，俾守令各率吏士勤王。……丙辰復戰，官軍卻。守仁斬先怯者，諸軍殊死戰。賊復大敗，退保樵舍。聯舟為方陣，盡出金寶犒士。明日，宸濠方晨朝其群臣，官軍奄至，以小舟載薪，乘風縱火，焚其副舟。妃婁氏以下皆投水死。宸濠舟膠淺，倉卒易舟遁。王冕所部兵追執之。……微守仁，東南事幾殆。世宗深知之，甫即位，趨召入朝受封。而大學士楊廷和與王瓊不相能，守仁前後平賊，率歸功瓊，廷和不喜。大臣亦多忌其功。會有言國哀未畢，不宜舉宴行賞者，因拜守仁南京兵部尚書。守仁不赴，請歸省。已，論功封特進光祿大夫柱國，新建伯，世襲歲祿一千石，然不予鐵券，歲祿亦不給。諸同事有功者，惟吉安守伍文定至大官當上賞，其它皆名示遷而陰絀之，廢斥無存者。守仁憤甚，時已丁父憂，屢疏辭爵，乞錄諸臣功，鹹報寢。免喪，亦不召。……守仁已病甚，疏乞骸骨。舉勳陽巡撫林富自代，不俟命竟歸。行至南安，卒，年五十七。喪過江西，軍民無不縞素哭送者。

守仁天姿異敏，年十七謁上饒婁諒，與論朱子格物大指。還家，日端坐講讀五經，不苟言笑。遊九華，歸，築室陽明洞中，氾濫二氏學。數年無所得。謫龍場，窮荒無書，日繹舊聞。忽悟格物致知當自

求諸心，不當求諸事物。喟然曰：「道在是矣。」遂篤信不疑。其為教，專以致良知為主。謂宋周程二子後，惟象山陸氏簡易直捷，有以接孟氏之傳。而朱子集注或問之類，乃中年未定之說。學者翕然從之，世遂有陽明學雲。

——《明史·王守仁傳》

羅欽順： 字允升，泰和人，弘治六年進士及第。授編修，遷南京國子監司業。與祭酒章懋以實行教士。未幾，奉親歸，因乞終養。劉瑾怒，奪職為民。瑾誅，復官，遷南京太常少卿，再遷南京吏部右侍郎，入為吏部左侍郎。世宗即位，命攝尚書事。上疏言久任超遷，法當疏通。不報。大禮議起，欽順請慎大禮以全聖孝，不報。遷南京吏部尚書。省親乞歸，改禮部尚書。會居憂，未及拜。再起禮部尚書，辭，又改吏部尚書。……欽順為學，專力於窮理存心知性。初由釋氏入，既悟其非，乃力排之。謂釋氏之明心見性，與吾儒之盡心知性相似，而實不同。釋氏之學，大抵有見於心，無見於性。今人明心之說，混於禪學。而不知有千里毫釐之謬。道之不明，將由於此。欽順有憂焉。為著《困知記》，自號整庵。年八十三，卒，贈太子太保，諡文莊。

——《明史·羅欽順傳》

蔡清： 字介夫，晉江人。少走侯官，從林玭學《易》，盡得其肯綮。舉成化十三年鄉試第一，二十年成進士，即乞假歸。講學已謁選，得禮部祠祭主事。……正德改元，即家起江西提學副使。寧王宸濠驕恣，遇朔望，諸司先朝王，次日謁文廟。清不可，先廟而後王。……劉瑾知天下議已用蔡京召楊時故事，起清南京國子祭酒，命甫下，而清已卒，時正德三年也。年五十六。清之學，初主靜，後主

虛。故以虛名齋。平生飭躬砥行，貧而樂施，為族黨依賴。以善《易》名。嘉靖八年，其子推官存遠，以所著《易經四書蒙引》進於朝，詔為刊佈。萬曆中，追諡文莊，贈禮部右侍郎。

──《明史・蔡清傳》

呂坤：字叔簡，寧陵人，萬曆二年進士，為襄垣知縣，有異政，調大同，徵授戶部主事。歷郎中，遷山東參政，山西按察使，陝西右布政使，擢右僉都御史，巡撫山西。居三年，召為左僉都御史，歷刑部左右侍郎。二十五年五月，疏陳天下安危。其略曰：「竊見元旦以來，天氣昏黃，日光黯淡。占者以為亂徵。今天下之勢，亂象已形，而亂勢未動。天下之人，亂心已萌，而亂人未倡。今日之政，皆播亂機使之動，助亂人使之倡者也。臣敢以救時要務為陛下陳之。……」疏入，不報。坤遂稱疾乞休，中旨許之。……坤剛介峭直，留意正學。居家之日，與後進講習，所著述，多出新意。……卒，天啟初，贈刑部尚書。

──《明史・呂坤傳》

呂榮：事蹟不詳。

劉宗周：字起東，山陰人。……萬曆二十九年，宗周成進士。母卒於家，宗周奔喪，為堊室中門外，日哭泣其中。服闋，選行人，請養大父母。遭喪，居七年，始赴補。母以節聞於朝。時有昆黨宣黨與東林為難，宗周上言，東林顧憲成講學處，高攀龍、劉永澄、姜士昌、劉元珍皆賢人。……元年，起儀制主事。……三年，以疾在告，進祈天永命之說。言法天之大者，莫過於重民命。……十四年九月，吏部缺左侍郎，廷推不稱旨。帝臨朝而歎，謂大臣劉宗周，清正敢

言，可用也。遂以命之。再辭不得，乃趨朝。道中進三劄，一曰明聖學以端治本，二曰躬聖學以建治要，三曰重聖學以需治化。凡數千言，帝優旨報之。明年八月末，至擢左都御史。……閏月晦日，召見廷臣於中左門。時姜采、熊開元以言事下詔獄，宗周約九卿共救。……乃免斥為民，歸。二年而京師陷，宗周徒步荷戈，詣杭州，責巡撫黃鳴駿發喪討賊。……明年五月，南都亡。六月，潞王降，杭州亦失守。宗周方食，推案慟哭。自是遂不食，移居郭外。有勸以文謝故事者，宗周曰：「北都之變，可以死，可以無死。以身在田里，尚有望於中興也。南都之變，主上自棄其社稷，尚曰可以死，可以無死，以俟繼起有人也。今吾越又降矣。老臣不死，尚何待乎。若曰身不在位，不當與城為存亡，獨不當與土為存亡乎。此江萬里所以死也。」出，辭祖墓。舟過西洋港，躍入水中。水淺不得死，舟人扶出之。絕食二十三日。始猶進茗飲，後勺水不下者十三日。及聞人問答如平時。閏六月八日，卒，年六十有八。

——《明史·劉宗周傳》

黃道周：字幼平，漳浦人。天啟二年進士，改庶起士，授編修。為經筵展書官。故事，必膝行前。道周獨否。魏忠賢目攝之。未幾，內艱，歸。崇禎二年，起故官，進右中允。……道周守經，失帝意。及奏對又不遜，帝怒甚，欲加以重罪。憚其名高，未敢決。……十五年八月，道周戍已經年。……明日傳旨，復故官。道周在途，疏謝，稱學龍、廷秀賢。既還，帝召見道周。道周見帝而泣：「臣不自意今復得見陛下。臣故有犬馬之疾，請假，許之。」

居久之，福王監國，用道周吏部左侍郎。……是時國勢衰，政歸鄭氏。大帥恃恩觀望，不肯一出關募兵。道周請自往江西圖恢復。以七月啟行，所至，遠近回應，得義旅九千餘人。由廣信出衢州，十二

月，進至婺源。遇大清兵，戰敗，見執。至江寧，幽別室中。因服著書。臨刑，過東華門，坐不起，曰：「此與高皇帝陵寢近，可死矣。」監刑者從之。幕下士中書賴雍、蔡紹謹，兵部主事趙士超等，皆死。

——《明史・黃道周傳》

顧炎武：字寧人，原名絳，昆山人。明諸生。生而雙瞳，中白邊黑。讀書目十行下。見明季多故，講求經世之學。明南都亡，奉嗣母王氏避兵常熟。昆山令楊永言起義師，炎武及歸莊從之。魯王授為兵部司務，事不克，幸而得脫，母遂不食，卒，誡炎武弗事二姓。唐王以兵部職方郎召，母喪未赴，遂去家不返。炎武自負用世之略，不得一遂，所至輒小試之。墾田於山東長白山下，畜牧於山西雁門之北、五臺之東，累致千金。遍歷關塞，四謁孝陵，六謁思陵，始卜居陝之華陰。謂「秦人慕經學，重處士，持清議，實他邦所少；而華陰縮轂關河之口，雖足不出戶，亦能見天下之人、聞天下之事。一旦有警，入山守險，不過十里之遙；若有志四方，則一出關門，亦有建瓴之便」。乃定居焉。

生平精力絕人，自少至老，無一刻離書。所至之地，以二騾二馬載書，過邊塞亭障，呼老兵卒詢曲折，有與平日所聞不合，即發書對勘；或平原大野，則於鞍上默誦諸經注疏。嘗與友人論學云：「百餘年來之為學者，往往言心言性，而茫然不得其解也。命與仁，夫子所罕言；性與天道，子貢所未得聞。性命之理，著之《易傳》，未嘗數以語人。其答問士，則曰『行己有恥』，其為學，則曰『好古敏求』。其告哀公明善之功，先之以博學。顏子幾於聖人，猶曰『博我以文』。自曾子而下，篤實無如子夏，言仁，則曰『博學而篤志、切問而近思』。今之君子則不然，聚賓客門人數十百人，與之言心言性。

舍多學而識以求一貫之方，置四海之困窮不言，而講危微精一。是必其道高於夫子，而其弟子之賢于子貢也。《孟子》一書，言心言性亦諄諄矣，乃至萬章、公孫丑、陳代、陳臻、周霄、彭更之所問，與孟子之所答，常在乎出處去就辭受取與之間。是故性也、命也、天也，夫子之所罕言，而今之君子之所恒言也。出處去就辭受取與之辨，孔子、孟子之所恒言，而今之君子之所罕言也。愚所謂聖人之道者如之何？曰『博學于文，行己有恥』。自一身以至於天下國家，皆學之事也。自子臣弟友以至出入往來辭受取與之間，皆有恥之事也。士而不先言恥，則為無本之人。非好古多聞，則為空虛之學。以無本之人，而講空虛之學，吾見其日從事於聖人，而去之彌遠也。」

炎武之學，大抵主於斂華就實。凡國家典制、郡邑掌故、天文儀象、河漕兵農之屬，莫不窮原究委，考正得失，撰《天下郡國利病書》百二十卷；別有《肇域志》一編，則考索之餘，合圖經而成者。精韻學，撰《音論》三卷。……清初稱學有根柢者，以炎武為最，學者稱為亭林先生。

又廣交賢豪長者，虛懷商榷，不自滿假。……

康熙十七年，詔舉博學鴻儒科，又修《明史》，大臣爭薦之，以死自誓。二十一年，卒，年七十。無子，吳江潘耒敘其遺書行世。宣統元年，從祀文廟。

—— 《清史稿·顧炎武傳》

王夫之：字而農，衡陽人。與兄介之同舉明崇禎壬午鄉試。張獻忠陷衡州，夫之匿南岳，賊執其父以為質。夫之自引刀遍刺肢體，舁往易父。賊見其重創，免之，與父俱歸。明王駐桂林，大學士瞿式耜薦之，授行人。時國勢阽危，諸臣仍日相水火。夫之說嚴起恒救金堡等，又三劾王化澄，化澄欲殺之。聞母病，間道歸。明亡，益自韜晦。歸衡陽之石船山，築土室曰觀生居，晨夕杜門，學者稱船山先生。

所著書三百二十卷，其著錄於四庫者，曰《周易稗疏、考異》，《尚書稗疏》，《詩稗疏、考異》，《春秋稗疏》。存目者，曰《尚書引義》、《春秋家說》。夫之論學，以漢儒為門戶，以宋五子為堂奧。其所作《大學衍》、《中庸衍》，皆力闢致良知之說，以羽翼朱子。於張子《正蒙》一書，尤有神契。謂張子之學，上承孔、孟，而以布衣貞隱，無鉅公資其羽翼。其道之行，曾不逮邵康節，是以不百年而異說興。夫之乃究觀天人之故，推本陰陽法象之原，就《正蒙》精繹而暢衍之，與自著《思問錄》二篇，皆本隱之顯，原始要終，炳然如揭日月。至其扶樹道教，辨上蔡、象山、姚江之誤，或疑其言稍過，然議論精嚴，粹然皆軌於正也。

康熙十八年，吳三桂僭號於衡州，有以勸進表相屬者，夫之曰：「亡國遺臣，所欠一死耳，今安用此不祥之人哉！」遂逃入深山，作〈祓禊賦〉以示意。三桂平，大吏聞而嘉之，囑郡守饋粟帛，請見，夫之以疾辭。未幾，卒，葬大樂山之高節里，自題墓碣曰「明遺臣王某之墓」。

當是時，海內碩儒，推容城、蠡屋、餘姚、昆山。夫之刻苦似二曲，貞晦過夏峰，多聞博學，志節皎然，不愧黃、顧兩君子。然諸人肥遯自甘，聲望益炳，雖薦辟皆以死拒，而公卿交口，天子動容，其著述易行於世。惟夫之竄身瑤峒，聲影不出林莽，遂得完髮以歿身。後四十年，其子敔抱遺書上之督學宜興潘宗洛，因緣得入四庫，上史館，立傳儒林，而其書仍不傳。同治二年，曾國荃刻於江南，海內學者始得見其全書焉。

——《清史稿・王夫之傳》

黃宗羲： 字太沖，餘姚人，明御史黃尊素長子。尊素為楊、左同志，以劾魏閹死詔獄，事具《明史》。思宗即位，宗羲入都訟冤。至

則逆閹已磔，即具疏請誅曹欽程、李實。會廷鞫許顯純、崔應元，宗
義對簿，出所袖錐錐顯純，流血被體；又毆應元，拔其鬚，歸祭尊素
神主前；又追殺牢卒葉諮、顏文仲，蓋尊素絕命於二卒手也。……

　　歸，益肆力於學。憤科舉之學錮人，思所以變之。既，盡發家藏
書讀之，不足，則鈔之同里世學樓鈕氏、澹生堂祁氏，南中則千頃堂
黃氏、絳雲樓錢氏，且建續鈔堂於南雷，以承東發之緒。山陰劉宗周
倡道蕺山，以忠端遺命從之遊。而越中承海門周氏之緒，授儒入釋，
姚江之緒幾壞。宗義獨約同學六十餘人力排其說。故蕺山弟子如祁、
章諸子皆以名德重，而禦侮之功莫如宗義。弟宗炎、宗會，並負異
才，自教之，有「東浙三黃」之目。

　　……南都已破，宗義跟蹌歸。會孫嘉績、熊汝霖奉魯王監國，畫
江而守。宗義糾里中子弟數百人從之，號世忠營。授職方郎，尋改御
史，作監國魯元年大統曆，頒之浙東。……

　　至是孫嘉績以營卒付宗義，與王正中合軍得三千人。正中者，之
仁從子也，以忠義自奮。宗義深結之，使之仁不得撓軍事。遂渡海屯
潭山，由海道入太湖，招吳中豪傑，直抵乍浦，約崇德義士孫奭等內
應。會清師纂嚴不得前，而江上已潰。宗義入四明山結寨自固，餘兵
尚五百人，駐兵杖錫寺。微服出訪監國，戒部下善與山民結。部下不
盡遵節制，山民畏禍，潛燬其寨，部將茅翰、汪涵死之。宗義無所
歸，捕檄累下，攜子弟入剡中。聞魯王在海上，仍赴之，授左副都禦
史。日與吳鐘巒坐舟中，正襟講學，暇則注授時、泰西、回回三曆而
已。……

　　戊午，詔徵博學鴻儒。掌院學士葉方藹寓以詩，敦促就道，再辭
以免。未幾，方藹奉詔同掌院學士徐元文監修《明史》，將徵之備顧
問，督撫以禮來聘，又辭之。朝論必不可致，請敕下浙撫鈔其所著書
關史事者送入京，其子百家得預參史局事。徐乾學侍直，上訪及遺

獻，復以宗羲對，且言：「曾經臣弟元文疏薦，惜老不能來。」上
曰：「可召至京，朕不授以事。即欲歸，當遣官送之。」乾學對以篤
老無來意，上歎息不置，以為人材之難。宗羲雖不赴徵車，而史局大
議必諮之。《曆志》出吳任臣之手，總裁千里遺書，乞審正而後定。
嘗論《宋史》別立《道學傳》，為元儒之陋，《明史》不當仍其例。朱
彝尊適有此議，得宗羲書示眾，遂去之。卒，年八十六。

宗羲之學，出於蕺山，聞誠意慎獨之說，縝密平實。嘗謂明人講
學，襲語錄之糟粕，不以六經為根柢，束書而從事於游談。故問學者
必先窮經，經術所以經世。不為迂儒，必兼讀史。讀史不多，無以證
理之變化；多而不求於心，則為俗學。故上下古今，穿穴群言，自天
官、地志、九流百家之教，無不精研。……晚年又輯《宋元學案》，
合之《明儒學案》，以志七百年儒苑門戶。宣統元年，從祀文廟。

──《清史稿‧黃宗羲傳》

孫奇逢：字啟泰，又字鍾元，容城人。少倜儻，好奇節，而內行
篤修。負經世之學，欲以功業自著。年十七，舉明萬曆二十八年順天
鄉試。連丁父母憂，廬墓六年，旌表孝行。與定興鹿善繼講學，一室
默對，以聖賢相期。

天啟時，逆閹魏忠賢竊朝柄，左光斗、魏大中、周順昌以黨禍被
逮。奇逢、善繼故與三人友善。是時善繼以主事贊大學士孫承宗軍
事。奇逢上書承宗，責以大義，請急疏救。……順治二年，祭酒薛所
蘊以奇逢學行可比元許衡、吳澄，薦長成均，奇逢以病辭。七年，南
徙輝縣之蘇門。九年，工部郎馬光裕奉以夏峰田廬，遂率子弟躬耕，
四方來學者亦授田使耕，所居成聚。居夏峰二十有五年，屢徵不起。

奇逢之學，原本象山、陽明，以慎獨為宗，以體認天理為要，以
日用倫常為實際。其治身務自刻厲。人無賢愚，苟問學，必開以性之

所近，使自力於庸行。其與人無町畦，雖武夫捍卒、野夫牧豎，必以誠意接之。用此名在天下而人無忌嫉。著《讀易大旨》五卷。……其生平之學，主於實用，故所言皆關法戒。又著《理學傳心纂要》八卷，錄周子、二程子、張子、邵子、朱子、陸九淵、薛瑄、王守仁、羅洪先、顧憲成十一人，以為直接道統之傳。

康熙十四年，卒，年九十二。河南北學者祀之百泉書院。道光八年，從祀文廟。

——《清史稿·孫奇逢傳》

張履祥：字考夫，桐鄉人。明諸生。世居楊園村，學者稱為楊園先生。七歲喪父。家貧，母沈教之曰：「孔、孟亦兩家無父兒也，只因有志，便做到聖賢。」長，受業山陰劉宗周之門。時東南文社各立門戶，履祥退然如不勝，惟與同里顏統、錢寅，海鹽吳蕃昌輩以文行相砥刻。統、寅、蕃昌相繼歿，為之經紀其家。自是與海鹽何汝霖、烏程凌克貞、歸安沈磊切劘講習，益務躬行。嘗以為聖人之於天道，「庸德之行，庸言之謹」，盡之矣。來學之士，一以友道處之。謂門人當務經濟之學。著《補農書》。歲耕田十餘畝，草履箬笠，提筐佐饁。嘗曰：「人須有恆業。無恒業之人，始於喪其本心，終於喪其身。許魯齋有言：『學者以治生為急。』愚謂治生以稼穡為先。能稼穡則可以無求於人，無求於人，則能立廉恥；知稼穡之艱難，則不妄求於人，不妄求於人，則能興禮讓。廉恥立，禮讓興，而人心可正，世道可隆矣。」初，講宗周慎獨之學，晚乃專意程、朱。踐履篤實，學術純正。大要以為仁為本，以修己為務，而以《中庸》為歸。

康熙十三年，卒，年六十四。……同治十年，從祀文廟。

——《清史稿·張履祥傳》

　　張伯行：字孝先，河南儀封人。康熙二十四年進士，考授內閣中書，改中書科中書。丁父憂歸，建請見書院，講明正學。……四十六年，復南巡，至蘇州，諭從臣曰：「朕聞張伯行居官甚清，最不易得。」……擢福建巡撫，賜「廉惠宣猷」榜。伯行疏請免臺灣、鳳山、諸羅三縣荒賦。福建米貴，請發帑五萬市湖廣、江西、廣東米平糶。建鰲峰書院，置學舍，出所藏書，搜先儒文集刊佈為正誼堂叢書，以教諸生。福州民祀瘟神，命毀其偶像，改祠為義塾，祀朱子。俗多尼，鬻貧家女，髡之至千百，伯行命其家贖還擇偶，貧不能贖，官為出之。……

　　旋入直南書房，署倉場侍郎，充順天鄉試正考官。授戶部侍郎，兼管錢法、倉場，再充會試副考官。雍正元年，擢禮部尚書，賜「禮樂名臣」榜。二年，命赴闕里祭崇聖祠。三年，卒，年七十五。遺疏請崇正學，勵直臣。上軫悼，贈太子太保，諡清恪。光緒初，從祀文廟。

　　伯行方成進士，歸構精舍於南郊，陳書數千卷縱觀之，及《小學》、《近思錄》，程、朱《語類》，曰：「入聖門庭在是矣。」盡發濂、洛、關、閩諸大儒之書，口誦手抄者七年。始赴官，嘗曰：「千聖之學，括於一敬，故學莫先於主敬。」因自號曰敬庵。又曰：「君子喻於義，小人喻於利。老氏貪生，佛者畏死，烈士徇名，皆利也。」在官所引，皆學問醇正，志操潔清，初不令知。平日齟齬之者，復與共事，推誠協恭，無絲毫芥蒂。曰：「已荷保全，敢以私廢公乎？」所著有《困學錄、續錄》、《正誼堂文集》、《居濟一得》諸書。

——《清史稿・張伯行傳》

　　陸隴其：初名龍其，字稼書，浙江平湖人。康熙九年進士。十四年，授江南嘉定知縣。嘉定大縣，賦多俗侈。隴其守約持儉，務以德

化民。或父訟子，泣而諭之，子掖父歸而善事焉；弟訟兄，察導訟者杖之，兄弟皆感悔。惡少以其徒為暴，校於衢，視其悔而釋之。豪家僕奪負薪者妻，發吏捕治之，豪折節為善人。訟不以吏胥逮民，有宗族爭者以族長，有鄉里爭者以里老；又或使兩造相要俱至，謂之自追。徵糧立掛比法，書其名，以俟比及數者自歸；立甘限法，令以今限所不足倍輸於後。……尋命巡視北城。試俸滿，部議調外，因假歸。三十一年，卒。三十三年，江南學政缺，上欲用隴其，侍臣奏隴其已卒，乃用邵嗣堯，嗣堯故與隴其同以清廉行取者也。雍正二年，世宗臨雍，議增從祀諸儒，隴其與焉。乾隆元年，特謚清獻，加贈內閣學士兼禮部侍郎。

著有《困勉錄》、《松陽講義》、《三魚堂文集》。其為學專宗朱子，撰學術辨。大指謂王守仁以禪而托於儒，高攀龍、顧憲成知辟守仁，而以靜坐為主，本原之地不出守仁範圍，詆斥之甚力。為縣崇實政，嘉定民頌隴其，迄清季未已。靈壽鄰縣阜平為置塚，民陸氏世守焉，自號隴其子孫。

——《清史稿·陸隴其傳》

湯斌：字孔伯，河南睢州人。明末流賊陷睢州，母趙殉節死，事具《明史·列女傳》。父契祖，挈斌避兵浙江衢州。順治二年，奉父還里。九年，成進士，選庶起士，授國史院檢討。

方議修《明史》，斌應詔言：「《宋史》修於元至正，而不諱文天祥、謝枋得之忠；《元史》修於明洪武，而亦著丁好禮、巴顏、布哈之義。順治元、二年間，前明諸臣有抗節不屈、臨危致命者，不可概以叛書。宜命纂修諸臣勿事瞻顧。」下所司。大學士馮銓、金之俊謂斌獎逆，擬旨嚴飭，世祖特召至南苑慰諭之。時府、道多缺員，上以用人方亟，當得文行兼優者，以學問為經濟，選翰林官，得爌、黃志

遜、王無咎、楊思聖、藍潤、王舜年、范周、馬燁曾、沈荃及斌凡十人。……斌令諸州縣立社學，講《孝經》《小學》，修泰伯祠及宋范仲淹、明周順昌祠，禁婦女游觀，胥吏、倡優毋得衣裘帛，毀淫詞小說，革火葬。蘇州城西上方山有五通神祠，幾數百年，遠近奔走如鶩。諺謂其山曰「肉山」，其下石湖曰「酒海」。少婦病，巫輒言五通將娶為婦，往往瘵死。斌收其偶像，木者焚之，土者沉之，並飭諸州縣有類此者悉毀之，撤其材修學宮。教化大行，民皆悅服。……

斌既師奇逢，習宋諸儒書。嘗謂滯事物以窮理，沉溺跡象，既支離而無本；離事物而致知，騖聰黜明，亦虛空而鮮實。其教人，以為必先明義利之界，謹誠偽之關，為真經學、真道學；否則講論、踐履析為二事，世道何賴。斌篤守程、朱，亦不薄王守仁。身體力行，不尚講論，所詣深粹。著有《洛學編》、《潛庵語錄》。雍正中，入賢良祠。乾隆元年，諡文正。道光三年，從祀孔子廟。

——《清史稿・湯斌傳》

陸世儀：字道威，太倉州人。少從劉宗周講學。歸而鑿池十畝，築亭其中，不通賓客，自號桴亭。與同里陳瑚、盛敬、江士韶相約，為遷善改過之學。或橫經論難，或即事窮理，反覆以求一是。甚有商榷未定，徹夜忘寢，質明而後斷，或未斷而復辨者。著《思辨錄》，分小學、大學、立志、居敬、格致、誠正、修齊、治平、天道、人道、諸儒異學、經、子、史籍十四門。世儀之學，主於敦守禮法，不虛談誠敬之旨。施行實政，不空為心性之功。於近代講學諸家，最為篤實。其言曰：「天下無講學之人，此世道之衰；天下皆講學之人，亦世道之衰。嘉、隆之間，書院遍天下，呼朋引伴，動輒千人，附影逐聲，廢時失事，甚有藉以行其私者，此所謂處士橫議也。」又曰：「今所當學者不止六藝，如天文、地理、河渠、兵法之類，皆切於世

用，不可不講。」所言深切著明，足砭虛憍之弊。其於明儒薛、胡、陳、王，皆平心論之。又嘗謂學者曰：「世有大儒，決不別立宗旨。」故全祖望謂國初儒者，孫奇逢、黃宗羲、李顒最有名，而世儀少知者。同治十一年，從祀文廟。

——《清史稿·陸世儀傳》

中華文化思想叢書 A0100006

儒學基礎讀本 下冊

編 著 者 李申
責任編輯 吳家嘉
特約校稿 林秋芬

發 行 人 陳滿銘
總 經 理 梁錦興
總 編 輯 陳滿銘
副總編輯 張晏瑞
編 輯 所 萬卷樓圖書股份有限公司
排 版 林曉敏
印 刷 百通科技股份有限公司
封面設計 斐類設計工作室

發 行 昌明文化有限公司
　　　 桃園市龜山區中原街 32 號
　　　 電話 (02)23216565
　　　 傳真 (02)23218698
　　　 電郵 SERVICE@WANJUAN.COM.TW
大陸經銷 廈門外圖臺灣書店有限公司
　　　 電郵 JKB188@188.COM
香港經銷 香港聯合書刊物流有限公司
　　　 電話 (852)21502100
　　　 傳真 (852)23560735

ISBN 978-986-92492-1-8
2016 年 3 月初版二刷
2015 年 12 月初版
定價：新臺幣 340 元

如何購買本書：

1. 劃撥購書，請透過以下郵政劃撥帳號：
　 帳號：15624015
　 戶名：萬卷樓圖書股份有限公司
2. 轉帳購書，請透過以下帳戶
　 合作金庫銀行 古亭分行
　 戶名：萬卷樓圖書股份有限公司
　 帳號：0877717092596
3. 網路購書，請透過萬卷樓網站
　 網址 WWW.WANJUAN.COM.TW

大量購書，請直接聯繫我們，將有專人為
您服務。客服：(02)23216565 分機 10

如有缺頁、破損或裝訂錯誤，請寄回更換

國家圖書館出版品預行編目資料

儒學基礎讀本 / 李申編著. -- 初版. -- 桃園
市：昌明文化出版；臺北市：萬卷樓發行,
2015.12
　 冊；　 公分. -- (中華文化思想叢書)
ISBN 978-986-92492-1-8(下冊：平裝)
1.儒學
121.2　　　　　　　　　　　104024773

本著作物經廈門墨客知識產權代理有限公司代理，由北京師範大學出版社（集團）
有限公司授權萬卷樓圖書股份有限公司出版、發行中文繁體字版版權。